Franz Simon · Angst, Wut & Schmerz

Franz Simon

Angst, Wut & Schmerz

Eine Expedition zu den verflixten Gründen

lucy körner verlag

1. Auflage Dezember 1988
2. Auflage Oktober 1989
3. Auflage Juli 1990

Postfach 1106, 7012 Fellbach.

Titelillustration: Klaus Schmidt.
Herstellung: J. F. Steinkopf Druck+Buch GmbH, Stuttgart.

ISBN 3-922028-17-9

Liebe Leserin!
Lieber Leser!

Meine unersetzlichen Erfahrungen in Begegnungsgruppen, mit der Urschreitherapie und amerikanischen Manager-Trainings haben mir mit ungewöhnlicher Klarheit vor Augen geführt, was es ist, dieses Besondere, das mich, wie mein Fingerabdruck, als einmalige Persönlichkeit in diesem einzigartigen Universum so unverwechselbar macht: Nichts – von meinem Charme einmal abgesehen. So ergab sich fast zwangsläufig die Frage: Wenn schon an mir so gar nichts Einmaliges, Besonderes ist, was ist dann erst mit den anderen?

Ahnst du schon was?

Du bist auch nichts Besonderes. Darüber kann dich auch der populärste Guru oder eine Salve von Vaterunsern nicht hinwegtrösten. Nicht einmal ich.

Die große Befreiung:

Vorbei sind die Zeiten der niedergeschlagenen Augen, als müßtest du befürchten, bei deinem Eiertanz um den Sinn des Lebens über die Schalen zu stolpern. Zum Teufel mit der inneren Zerrissenheit: Sie gehört dir, dir ganz allein! Unlösbare Probleme werden endlich auf das reduziert, was sie in Wirklichkeit sind: nämlich unlösbare Probleme – bei denen du auch nicht die geringste Ahnung hast, wie sie zu lösen sind. Oder, falls du tatsächlich eine Lösung hättest: wie du es anpacken sollst . . .

Die Welt rings um dich her sieht tatsächlich so aus, wie du es nie für möglich gehalten hast – oder noch schlimmer, denn das, was du nicht sehen willst, zählt doppelt!

Hiermit lege ich dir für einen viel zu niedrigen Preis in diesem außergewöhnlichen Werk die Quintessenz sämtlicher westlicher und östlicher Weisheitslehren, übersichtlich zusammengefaßt in einem Band, inklusive Mehrwertsteuer, zu Füßen, die da lautet:

AUGEN UND OHREN AUF!
UND WENN ES SEIN MUSS,
AUCH MAL DIE KLAPPE.

Das wär's. Mehr ist nicht. Und schon gar nicht für so wenig Geld. Eigentlich könnte das Buch hier schon zu Ende sein, aber leider wurde der Nobelpreis für Literatur noch nie für ein Faltblatt vergeben ...

Ich habe alles gesagt, was es zu sagen gibt. Vielleicht erwartest du einfach immer zu viel, obwohl es wahrscheinlich eher zu wenig ist. Du hast schon wieder das falsche Buch erwischt, auch wenn es in der Esoterik-Abteilung auslag – ein alter Trick von mir! Und in deinem blinden Erlösungswahn hast du gierig danach gegriffen. Hättest lieber eines nehmen sollen, in dem wenigstens von heiligen Männern, preisgünstigen Astral-Reisen oder zumindest von Wiedergeburt die Rede ist. Hier suchst du umsonst.

Auch nicht das kleinste Quentchen Transzendenz? Nein!

Ich kann dich nicht trösten, so leid es mir tut. Wenn du den Sinn dieser ganzen absurden Komödie nicht im Leben findest, dahinter schon gar nicht! Der Spuk mit dem Menschen hinter dem Menschen ist zu Ende. Es gibt keine Katze hinter der Katze, es sei denn, du hast was an den Augen oder sie hat hinter deinem Rücken Junge bekommen. Vergiß die Hilfe aus dem Unbewußten: Wenn sie sich bis jetzt nicht gemeldet hat, kommt sie nicht mehr. Vielleicht ist sie auch verhindert oder gerade zu einem unterwegs, der das Ganze viel lockerer sieht als du. Umsonst das Zen-Kloster in Hintergurgl und die anstrengende Zugfahrt dorthin.

Es führt kein Weg vorbei an dem, was um dich herum ist und was du so nicht haben willst, vor dem du wegläufst, was du nicht sehen willst, wo du toter Mann spielst, was dich innerlich kalt läßt, weil es dich in Wirklichkeit so heiß macht, daß du jeden Moment verglühen könntest; was genau so ist, wie es ist.

Nackt, roh und irgendwie jungfräulich offenbart sich das Geheimnis der Geheimnisse dem Suchenden auf seinem Weg zum Einssein mit dem Kosmos.

Falls du jetzt mit einer Astral-Reise liebäugelst: wenn du zurück bist, ist es noch genauso. Der Wahnsinn liegt im Detail – die Erleuchtung auch!

Immerhin spricht ja die Tatsache, daß du unter all den schönen Büchern gerade dieses ausgesucht hast, von einer gewissen Bereitschaft, dem Chaos auf den Grund zu gehen. Du scheinst die letzte aller Möglichkeiten zumindest vage in Betracht zu ziehen:

DEINER INNEREN STIMME ZU FOLGEN,
die sich hin und wieder auf Betriebsversammlungen als störendes Räuspern bemerkbar macht. Aber paß gut auf deine innere Stimme auf! Sie ist heiß begehrt wie ein Riesen-Poster von Madonna!

Die Politiker wollen sie,
amnesty international will sie,
die weight watchers wollen sie –
und ich will sie auch!

Die vier Stadien des menschlichen Bewußtseins

Anmerkung:

Falls du nicht wirklich am Leben teilnehmen willst oder so etwas zumindest jemals als alternative Lebensform erwogen hast, überspringe dieses Kapitel. Beschäftige dich lieber mit dem Nichts, der Leere oder meinetwegen auch mit der unendlichen Tiefe deiner persönlichen Tragödie – oder verarsche einen anderen.

1. Stadium:

Du läufst total blind durch die Gegend, trittst von einem Fettnäpfchen ins andere und wunderst dich nicht – ärgerst dich aber meistens über die Dummheit der anderen.

2. Stadium:

Du läufst total blind durch die Gegend, trittst von einem Fettnäpfchen ins andere und wunderst dich.

3. Stadium:

Du läufst total blind durch die Gegend, trittst von einem Fettnäpfchen ins andere, wunderst dich und besuchst Selbsterfahrungsgruppen. Du kommst darauf, daß alles nur ein Überbleibsel der Nabelschnur aus deinem Geburtstrauma ist oder daß deine Probleme noch aus einem vergangenen Leben stammen, wo du als Ameisenbär ... und dir fällt es wie Schuppen von den Augen!

Vielleicht liegt es auch an deiner frühesten Kindheit und hat mit deinem Stiefvater zu tun, der dich zwar nie betrunken geschlagen hat, aber dich ebenso gleichgültig behandelt hat wie sein eigenes Kind.

4. Stadium:

Du besuchst Selbsterfahrungsgruppen oder auch keine und hast einfach keine Lust mehr, ständig in diese komischen (falls du Gruppen machst: kosmischen) Fettnäpfchen zu treten. Du machst ab sofort:

AUGEN UND OHREN AUF!
UND WENN ES SEIN MUSS,
AUCH MAL DIE KLAPPE.

1. Bewußtseinsstadium:

Du läufst total blind durch die Gegend, trittst von einem Fettnäpfchen ins andere und wunderst dich nicht – ärgerst dich aber meistens über die Dummheit der anderen.

Du bist okay, wie du bist.

Glaubst du – nur weil keiner etwas sagt!

Du hast alles, was du brauchst – weil du nämlich nicht die leiseste Ahnung hast, was das sein könnte. Dir kommt – falls überhaupt, dann nur äußerst verschwommen – aber wahrscheinlich eher gar nicht in den Sinn, daß etwas mit dir nicht stimmen könnte.

Beim Skat bist du immer derjenige, der gibt. An sich nichts Schlechtes, nur bei dir ist es Taktik. Aber noch merken es die anderen nicht. Wahrscheinlich hast du zu niederen Blutdruck, oder es ist einfach nur dein schlechtes Gewissen. Laß dich mal untersuchen, dann hast du wenigstens eine Ausrede weniger.

Du täuschst keinen! Weil du nämlich wirklich der Mensch bist, für den dich die meisten halten. Kann sein, daß du an Gott glaubst, wohl in der Annahme, daß er dich trotzdem liebt! Oder hoffst du, daß er dir wenigstens den Teufel vom Leib hält, wenn deine Kräfte nachlassen? Sei dir bloß nicht so sicher: Ganze Legionen von deiner Sorte haben schon ihre Hosenknöpfe in den Klingelbeutel geschummelt – und man hat trotzdem nie wieder etwas von ihnen gehört.

Vielleicht glaubst du auch nur an Gott, weil du dich insgeheim wunderst, was der so alles auf die Beine stellt – im Gegensatz zu dir! So einen wunderschönen Planeten, der einzig aus dem Grund da ist, damit Gesetze und Verordnungen nicht durch den luftleeren Raum segeln müssen.

Deiner Umwelt versuchst du ständig weiszumachen, was für ein normaler Mensch du bist, im Gegensatz zu den anderen. Aber warte nur, bis sie dir bei deinen nächtlichen Fernglasaktionen auf die Schliche kommen!

Natürlich hast du auch liebenswerte Seiten – vorausgesetzt jemand hat die Zeit, so lange zu bleiben ...

Deine Wirkung auf das andere Geschlecht kann man nicht leugnen: Die meisten senken rasch den Kopf und gehen grußlos an dir vorüber. Bilde dir bloß nicht ein, daß man hinter deinem Rücken über dich redet!

Falls jemals Gefühle da waren, unterdrückst du sie. Du denkst wahrscheinlich, du bist so geboren. Und langsam fürchte ich das auch.

Kinder machen in der Regel einen Bogen um dich, weil du ihnen ständig Sachen erzählst, die sie nicht im geringsten interessieren. Es sei denn, es geht um ihr Taschengeld.

Greenpeace besteht für dich aus einer Horde Exoten, und Wiedergeburt ist dir zu anstrengend. In der Firma schätzen sie dich, weil du eine so klare Meinung hast – vor allem was Asylanten, Vollwertkost oder Geburtenregelung angeht. Das sind auch die Momente in deinem Leben, wo du ganz aus dem Häuschen gerätst und dein Blutdruck so hochschießt, daß dir fast schwindelig wird. Ohne jede Vorwarnung verwandelst du dich in ein Rumpelstilzchen, das in ausschweifenden Reden ganze Zeitungsspalten zitiert. Da leuchten deine Augen, deine Wangen röten sich wie bei einer schüchternen Siebzehnjährigen, die zu ihrem ersten Rendezvous geht. Leider dauern diese Sternstunden nur so lange, bis das Thema auf etwas anderes kommt. Dann fällst du so plötzlich wieder in dich zusammen, daß selbst deine Tätowierung traurige Falten wirft. Aber in der Firma sagen sie, du seist der einzige Mensch, mit dem man noch reden kann – zumindest jene, die auch schon so lange da sind wie du.

Dir kann keiner – und schon gar nicht was vormachen, weil du dir nämlich ständig selber etwas vormachst! Du bist so unbewußt, daß dir sogar deine eigenen Klagen verdächtig vorkommen. Du rationalisierst auf Teufel komm raus und stellst jene, die etwas kritisch hinterfragen, als „Eierköpfe" hin. Wenn es nach dir ginge: du wüßtest schon, wie die Welt auszusehen hätte. Du gehörst zu den wenigen, die noch etwas aus ihr machen könnten! Gott sei Dank geht es nicht nach dir ...

Wer gut ist, muß hart sein – glaubst du. Ausgerechnet du, der sich ständig die Birne anhaut und jedem rotzfrech versichert, es seien nur Pigmentflecken. Du wunderst dich höchstens mal, wenn du eine Kegelpartie gewinnst und dich trotzdem nicht wohl fühlst.

Was soll ich mit jemandem wie dir bloß anfangen? Soll ich dir die Autoreifen zerschneiden, deinen Videorecorder zerstören und sämtliche Kassetten verwüsten, damit du wenigstens einen Moment lang zu dir kommst? Soll ich dich bei Wasser und Brot in einen finsteren Keller sperren, dich mit Drogen vollpumpen oder ohne dein Wissen die Hausratversicherung kündigen? Soll ich dir mal was flüstern? Nein? Gut, dann eben nicht. Da läßt sich nichts machen, fürchte ich. Ich bin auch nur ein Mensch.

Hast du wenigstens ein paar gute Witze auf Lager?

Für dich ist dieses Buch eigentlich auch nicht gedacht. Es sei denn, du bist fest entschlossen, ab morgen – nein, lieber ab sofort – genau das Gegenteil von dem zu tun, was du bisher getan hast. Lies es meinetwegen bis zum Schluß und schreib mir, was dir dabei so durch den Kopf ging. Nein, schreib lieber nicht ... frag erst deine Kollegen im Büro, was sie davon halten.

2. Bewußtseinsstadium:

Du läufst total blind durch die Gegend, trittst von einem Fettnäpfchen ins andere und wunderst dich.

Alles ist wie immer! Oder doch nicht?

Du befindest dich auf dem unaufhaltsamen Weg ins Chaos! Immerhin hat das Chaos, auf das du nun – und auch noch bei vollem Bewußtsein – zusteuerst, auch etwas Positives: Es kann schöpferisch sein und die Basis für einen Neuanfang. Es sei denn, du hast vor, dich darin häuslich einzurichten ... Was immer du auch tust, von jetzt an geht es so bergab, daß du am besten ein paar Vaterunser betest oder die Luft anhältst. Manchmal wirst du so durcheinander sein, daß du dir einredest, dein Zustand hätte sich tatsächlich gebessert.

Du bist auf einem guten Weg, obwohl es so ziemlich das schlimmste ist, was überhaupt passieren kann – außer du verlierst deine Brieftasche, in der die gesammelten Essensmarken der letzten drei Wochen drin sind.

Immerhin brauchst du den Chaoten von 1. nicht mehr zu grüßen und schon gar nicht als erster! Auch wenn er noch so auffällig an seinem neuen Auto herumputzt.

Dein Weltbild ist gefährlich ins Wanken geraten, was sich zum Beispiel dadurch bemerkbar machen kann, daß du dich auf einmal über die steigenden Bierpreise wunderst.

So läppische Begebenheiten wie ein permanenter Wiederholungszwang beim Händewaschen oder mehrmaliges Nachsehen, ob die Wohnungstür zugesperrt ist, obwohl du den Schlüssel schon dreimal überdreht hast, und dein steigendes Bedürfnis, dich an die Schulter des besagten Autobesitzers zu lehnen, werden zunehmend den Verdacht in dir schüren, daß mit dir etwas nicht stimmt ... und daß dein Vater doch recht hatte. Vielleicht ist am Ödipuskomplex mehr dran, als du es unter deiner verschwitzten Kinderdecke für möglich gehalten hättest, du kleines Ferkel.

Dazu dieses Summen in den Ohren und der ständig trockene Hals. Vermutlich wirst du jetzt in Ablenkungen wie Heilfasten und Hans-Moser-Filme flüchten – und selbstverständlich wissen, daß du dir da etwas vormachst. Von nun an paß auf, wo du hintrittst, sonst landest du im Graben – oder im Keller, falls es das Weinfaß ist, zu dem dich dein tiefstes Unterbewußtsein hinzieht.

Eine ganze Batterie von Neurosen, unerklärbaren Ängsten und unappetitlichen Hautausschlägen liegt auf der Lauer, dich Verunsicherten und Geschwächten anzufallen und zu massakrieren. Es kann sich das Gefühl verstärken, daß die Leute hinter deinem Rücken über dich reden oder Witze reißen, die nicht gut für dich ausgehen. Wenn du dir dessen bisher wenigstens einigermaßen sicher warst: sieh dich vor, vielleicht bildest du dir das Ganze auch nur ein.

Ist das schon das Stadium, wo die Tiere kommen? Kriechen vor deinen entsetzten Augen Spinnen, Riesenschlangen und anderes ekliges Getier aus der Steckdose? Muß nicht sein, aber sei lieber vorsichtig: Glaubhaften Schilderungen zufolge gleiten sie lieber lautlos aus den Schränken ... hat da nicht jemand deinen Namen gerufen?

Von nun an wirst du dich mit einem neuartigen Phänomen konfrontiert sehen: der Leere, dem Nichts.

Aber hier soll nicht von der kosmischen Leere, dem Über-Nichts indischer und amerikanischer Top-Gurus die Rede sein, von dem du ohnehin noch nie etwas gehört hast. Hier ist von jener Leere die Rede, die nach einer durchzechten Nacht in dir das unstillbare Verlangen nach der alles befreienden Knoblauchpille wecken wird; jenem Nichts in deinem leeren Gedächtnis, wenn du den Autoschlüssel suchst und ihn dabei krampfhaft zwischen den Fingern hältst, damit du ihn nicht verlierst. Oder wenn du minutenlang mit starrem Blick auf ein Blatt Papier stierst: Da war doch noch was ... streng dich nicht an, du kommst sowieso nicht drauf. Es ist einfach zuviel, was du vergessen hast – und verdrängt. Und daß du es verdrängt hast, hast du auch schon vergessen.

Zum erstenmal in deinem Leben wirst du einen Anruf bei der Telefonseelsorge erwägen, aber noch bist du zu geizig, und morgen kann es zu spät sein.

Sag den Rhetorikkurs an der Volkshochschule wieder ab, zu dem du dich nur angemeldet hast, weil du hofftest, er könne etwas mit deinem Job zu tun haben. Hör auf, verstehen zu wollen, was mit dir geschieht! Du kommst bestimmt nicht dahinter, wie du diese höllische Achterbahn stoppen kannst – schon gar nicht durch Nachdenken. Vielleicht geht es auch wirklich nicht. Schnall dich wenigstens gut an!

Du hast dich übernommen – und nicht die leiseste Ahnung womit. Ich fürchte, diesmal holen sie dich wirklich. Ich kann dir auch nicht sagen, was los ist. Vielleicht war die Leiter einfach zu hoch oder zu wackelig?

Ich kann mir ehrlich kaum vorstellen, daß du es schaffst, dich zu halten. Noch dazu, wo du diese Unmengen Sedativa in dich reinschüttest als wäre es Traubenzucker! Ich kenne keinen, der es geschafft hat – aber eine ganze Menge, die wieder runtergefallen sind und sich jetzt hinter den Schundheften irgendeiner Sekte verstecken oder bei einer der anderen Auffanggesellschaften fromme Lieder singen. Wenigstens erkennt man bei denen gleich, was mit ihnen los ist.

Um dich ranken sich ja schon die abenteuerlichsten Diagnosen. Den Schwindel mit den „Kreislaufproblemen" kannst du vergessen ...

Beende deine ermüdenden Rundgänge bei den Psychiatern, die dir mit einer kleinen, teuflischen Stablampe höhnisch in die Pupillen leuchten. Such dir die Diagnose aus, mit der du am besten klarkommst. Vermutlich treffen alle zusammen ziemlich genau den Kern der Sache. Trag die leeren Flaschen zurück, laß dein Auto stehen – und wirf auf keinen Fall die Tabletten weg, hörst du? Vielleicht ist das wirklich das einzige, was dir noch helfen kann. Wenn du hin und wieder so ein seltsames Gefühl kriegst, als wüßtest du nicht genau, ob du jetzt träumst oder wach bist – du weißt es wirklich nicht. Und keiner kann dir da eine verbindliche Auskunft geben. Denk dir nichts dabei, das kommt bloß von den Tabletten, und ganz sicher warst du dir ja auch vorher nie.

Falls du in diesem unpassenden Moment einen Kurs für Autogenes Training machen willst, sprich dich vorher mit deinem Psychiater ab, damit er rechtzeitig die Dosis erhöht.

DABEI HAT ALLES SO GUT ANGEFANGEN ...

Die Liebe, das Leben, der Wein und der Sex. Und nun bist du in dieser verzwickten Lage: für Bhagwan noch nicht tief genug und für die Anonymen Alkoholiker schon zu weit unten. Indien ist auch tabu, glaub mir, den langen Flug hältst du nicht durch. Die einsame Insel? Was willst du da ohne Pflegepersonal? In deinem Zustand?

Monoton wird dich dein letzter klarer Gedanke peinigen: Wie komme ich bloß weg von hier – und falls es gelingt: was dann?

Nachdem du laufend andere beschuldigst, sie würden gegen dich Komplotte schmieden, bis dir die meisten tatsächlich fernbleiben, um sich für ihre Intrigen einen anderen zu suchen, wirst du dir schließlich eine Höhle suchen und dich wie ein räudiger Hund verkriechen.

Nimm keine Bücher mit! „Selbstbewußtsein kann man lernen“, aber nicht in deinem Zustand. „Die Kunst, ein Egoist zu sein“ beherrschen andere wohl ein bißchen besser als du. „Wie kommt das Salz ins Meer“ kann nur jemand fragen, der noch nie in einer Höhle saß.

Glaube mir, wenn es noch nicht so spät wäre – nichts würde ich dir aus tiefstem Herzen lieber empfehlen als: vergiß das Ganze. Alles war nur ein schlechter Scherz. Schau, daß du schleunigst wieder auf die Beine kommst.

Auch wenn du dir jetzt eine Kugel gibst (und ich sage dir: tu es nicht!), wenn du dich von einer Klippe ins Meer stürzt – falls du es überhaupt schaffst bis dorthin – oder dich mit einer Überdosis dieser kleinen grünen Pillen ins Jenseits beförderst – und sei es auch nur, um den Psychiatern eins auszuwischen ...

DU FÄNGST IN DEINEM NÄCHSTEN LEBEN WIEDER GENAU DA AN, WO DU JETZT AUFHÖRST.

Und du brauchst dir diese Stelle nicht einmal auf einem Spickzettel zu notieren . . .

3. Bewußtseinsstadium:

Du läufst total blind durch die Gegend, trittst von einem Fettnäpfchen ins andere, wunderst dich und besuchst Selbsterfahrungsgruppen.

Du bist ein schlauer Fuchs ...

Vielleicht bist du es aber auch nur geworden, weil die Höhle, in der du deinen Löffel abgeben wolltest, ständig besetzt war?

Du bist schon ziemlich weit! Du warst aber auch schon so weit unten, daß ich dachte, du packst es nicht mehr.

Du gibst keine Unsummen für Autos und Videokassetten aus, weil du erkannt hast: Solange ich's mir nicht leisten kann, kommt das für mich sowieso nicht in Frage.

Psychopharmaka und EKGs lassen dich kalt, egal wie dreckig es dir geht. Mal ehrlich, nimmst du wirklich keine Tabletten mehr? Auch keine anderen Drogen? Mir kannst du es doch ruhig sagen.

Mit deiner Erfahrung kannst du überall mitreden – aber wenn du nur halb so clever bist wie du aussiehst, halt lieber den Mund.

Mit dir einfach zu SEIN, ist sehr befreiend. Endlich einmal kann man seine Maske fallen lassen – obwohl natürlich keiner dran denkt, sich eine solche Blöße zu geben.

Du bist geradeheraus und sagst klar deine Meinung – und es gibt welche, die kommen trotzdem wieder. Nachdem du endlich eingesehen hast, was für ein Barbar du im Grunde bist, ißt du auch kein Fleisch mehr, höchstens ein paar Scheiben Schinken oder ein Stück von der Salami im Angebot.

Leider läßt das die gestandenen Neurotiker um dich herum ziemlich kalt. Sie behandeln dich auch weiterhin so, als seist du einer der ihren, und versuchen hartnäckig, dich in ein Gespräch über das Wetter oder die immensen Vorzüge gerade ihres Autos zu verwickeln. Die ahnen ja gar nicht, was du durchgemacht hast. Na, war's wirklich so schlimm?

Du bist nicht erleuchtet – wozu auch? Du hast ja sonst alles, was du brauchst. Für mich gehörst du zu den wenigen, die erkannt haben, worum es in Wirklichkeit geht! Erzählst du es mir mal bei Gelegenheit?

Unleidlich wirst du höchstens, wenn deine letzte Selbsterfahrungsgruppe länger als einen Monat zurückliegt. Aber das kommt selten vor. Du hast ja auch eine große Auswahl ...

PRIMÄRTHERAPIE

Hier dreht sich fast alles um den Nabel, jenes entzückende Stummelchen unter dem Solar plexus, das besonders bei braungebrannten Mädchen im Bikini so gut zur Geltung kommt. Bei solch einem Anblick mußte der Entdecker wohl zwangsläufig auf die Idee kommen, daß da noch mehr dahinterstecken könnte. Du denkst an Mama, rufst aber aus Leibeskräften nach deinem Vater, bis dich die unsensibelsten Geburtshelfer, die du dir vorstellen kannst (und so viele, wie du auch in der modernsten Geburtsklinik nie auf einem Haufen sehen wirst – und alle dazu noch in der Ausbildung!) mit unangenehm scharrenden Hummerzangen packen. Du wirst die gellenden Schreie deiner Mutter hören und erkennen, daß du es bist, der da so unerleuchtet durch die Gegend brüllt, weil sie dir einen Sturzhelm aufgesetzt haben, der mindestens vier Nummern zu klein ist. Dort, wo du deine Lunge vermutest, wird eine heiße Kartoffel brennen – falls du nicht schon vorher an deiner Nabelschnur erstickt bist.

Du wirst das Trauma und die Ekstase der Geburt erleben, vor allem das Trauma. Die Geburt wirst du überleben, die Therapie wahrscheinlich nicht.

REBIRTHING

Rebirthing fängt mit einfachem Atmen an und endet auch so. Um davon abzulenken, verfällst du in absonderliche Spasmen und Verrenkungen, was aber nur Tetanie ist, ein Muskelkrampf, der zu den milderen Formen des Schwachsinns gehört.

Des öfteren wirst du eine vehemente Gier nach Sauerstoff verspüren, und in deiner Not wirst du annehmen, du seist tatsächlich transformiert worden. Du wirst mit einer neuen Dimension spiritueller Energie vertraut werden, die dir bisher noch nie begegnet ist – nicht einmal bei dem Kater nach deiner verpatzten Führerscheinprüfung. Du wirst fähig sein, deine Krankheit und die Schmerzen mit dem dahinterliegenden negativen Gedankensystem in Verbindung zu bringen – wenigstens für eine Weile.

Wenn du endlich unter schlimmen Krämpfen wieder aus dem Embryo-Zustand zurück bist, wirst du ermattet nach dem Fläschchen greifen und bedauern, daß es schon wieder vorbei ist.

Konntest du in der Primärtherapie noch alles fröhlich deinen Eltern in die Schuhe schieben, werden sie dir beim Rebirthing klarmachen, daß du selbst für alles verantwortlich bist. Selbst dafür, daß du alles deinen Eltern in die Schuhe schiebst.

ENCOUNTER

In der Encounter- oder Begegnungsgruppe wirst du Aggressionen begegnen, die du nie für möglich gehalten hättest – nicht einmal beim Betrachten deiner abgebissenen Fingernägel. Und du wirst darauf kommen, daß es deine eigenen sind! Du wirst erkennen, daß die anderen Teilnehmer deshalb so auf dich losgehen, weil sie an dir Dinge bemerken, die du bisher immer nur an anderen verabscheut hast. Bist tatsächlich du es, der da mit verkrampften Muskeln, verkrampftem Atem und verkrampfter Lebensfreude stocksteif und ängstlich in der Ecke kauert, obwohl du doch hierhergekommen bist, um zu lernen, wie man sich situationsgerecht verhält? Du wirst lernen, loszulassen und auch mal Schwäche zu zeigen – so schwach zu sein, wie du in Wirklichkeit bist. Du wirst deinen sexuellen Problemen begegnen und reumütig zu deiner Freundin zurückkehren.

TAI CHI

Im Tai Chi machst du langsame, fließende, überwiegend chinesische Bewegungen, damit du dein Selbst nicht verschreckst, falls es verschlafen nachsieht, warum du plötzlich so ausgeglichen bist.

ENLIGHTENMENT

Oberste Pflicht im „Enlightenment Intensive“ ist wilde Entschlossenheit, sich selbst auf den Grund zu gehen, wo immer das auch sein soll. Und mittlerweile bist du zu allem fähig! Als hättest du eine Endloskassette verschluckt, wiederholst du hartnäckig die Frage: Wer bin ich? Obwohl dir eigentlich eine ganz andere existentielle Frage auf der Zunge brennt, zum Beispiel: Wer ist die Blonde schräg gegenüber?

Und das fragst du ausgerechnet einen, der dir gelangweilt gegenübersitzt, noch weniger Bescheid weiß über dich als du selbst, und der zu allem Überfluß nicht antworten darf.

Kann gut sein, daß sich dein wahres Selbst meldet – versprechen kann ich es nicht! Vielleicht kriegst du auch nur Bauchweh.

AUTOGENES TRAINING

„Ich bin ganz ruhig, gelassen und frei!“

Wie schön für dich – falls es wirklich stimmt. Auf der höchsten Stufe deiner Bemühungen wird dir vielleicht einer erscheinen, der mit einem goldenen Buch (vielleicht ist es auch meines?) auf der Spitze eines hohen Berges sitzt – und ausgerechnet auf dich wartet.

Nutze die Chance deines Lebens! Er wird es nicht wagen, dich einfach stehenzulassen. Laß dir den Sinn des Ganzen in kurzen Worten erklären, vor allem, warum er dich solche Kurse machen läßt.

Bitte ihn um Führung und Einsicht oder nutze die wirklich einmalige Gelegenheit, ihn um Gnade anzuflehen. Jetzt, wo er dich persönlich kennt, wird er vielleicht ein Auge zudrücken.

REINKARNATIONSTHERAPIE

Hier wirst du dein Schicksal als Chance erkennen ... Und deine Chancen sind eher unterdurchschnittlich, wenn du nicht schleunigst alles seitenverkehrt machst! Du wirst selbst verantwortlich gemacht für alles, was dir zustößt. Besonders für jene Gelegenheiten, die du nie hattest. Hartnäckig wie ein Fußpilz wird dich dein Karma durch alle Zeiten hindurch verfolgen, bis du feierlich gelobst, zum Hautarzt zu gehen. Erfahrungen früherer Inkarnationen werden dir drastisch vor Augen führen, daß du nicht der Mensch bist, als den wir dich kennen, und schon gar nicht der, welcher du zu sein vorgibst – und daß du uns alle an der Nase herumführst.

Du wolltest ja immer eine Antwort – hier hast du sie!

Deine Machtgelüste, hochentwickelt und raffiniert getarnt, bestens bewährt durch jahrtausendelange Konkurrenz, werden den Therapeuten in Angst und Verwirrung stürzen. Womöglich wird er sich weigern, die Therapie mit einer Hybris fortzusetzen, die selbst seine größenwahnsinnigen Honorarforderungen wie neckische Koketterie aussehen läßt ...

Endlich wirst du deine Schuld erkennen, deine Raten weiterzahlen und dem Schicksal gute Besserung geloben. Du wirst fortan Verantwortung übernehmen, Schuldige suchen und so weitermachen wie bisher.

Aber ganz gleich, ob du gerade von einem Tiger gefressen wirst, ob du dein Geschlecht wechselst, dich mit Pflanzen identifizierst oder zur metakosmischen Leere wirst (was noch weit schlimmer ist, als es sich anhört!), egal, ob du eine „Out-of-Body"-Reise unternimmst und noch dankbar sein wirst, in deiner momentanen faltigen

Hülle – die ja wirklich alles andere als eine gelungene Inkarnation darstellt – wieder Platz nehmen zu dürfen; selbst wenn du alles durcheinanderbringst, eins mit der Schöpfung wirst und deine Identität verlierst – eines darfst du nie vergessen: Die Doppelstunde endet pünktlich um Viertel vor!

POSITIVES DENKEN

Du suchst dir eine positive, angenehme, aufbauende Vorstellung – was dir wahrscheinlich arge Schwierigkeiten bereiten wird, sonst wärst du nicht beim Positiven Denken gelandet! – zum Beispiel: „Ich schaffe es!" – und machst genau das Gegenteil davon, weil du es immer so gemacht hast. Und weil du einfach viel zu viel Angst hast, deine Vorsätze auch wirklich in die Tat umzusetzen (du wirst schon wissen, warum!). Du wirst die unendliche Kraft deiner Gedanken kennenlernen, den Geist als Quelle deiner schöpferischen Kräfte. Du brauchst dich nur deiner inneren Führung anzuvertrauen – und vergiß nicht, wohin sie dich schon gebracht hat.

Laß also diese ganzen positiven Vorstellungen tief in dich hineinsinken, schreibe sie nieder, pinne sie farbig und optimistisch an die Wand! Glaube fest daran, daß sie auch eintreffen – obwohl so ziemlich alles dagegen spricht, allem voran, wie dämlich du dich oft anstellst.

Glaub mir, es funktioniert tatsächlich – nur darf man nicht alles so negativ sehen wie du . . .

So trägt jede Selbsterfahrungsgruppe letztlich dazu bei, dich ein Stück auf deinem Weg weiterzubringen, dein wahres Selbst zu erkennen. Solltest du es immer noch nicht gefunden haben: Nur Mut, es gibt bestimmt Therapien, die du noch nicht kennst.

Falls du es gefunden hast: Was machst du hauptberuflich, jetzt, wo du so viel Zeit hast?

4. Bewußtseinsstadium:

Du besuchst Selbsterfahrungsgruppen oder auch keine und hast einfach keine Lust mehr, ständig in diese komischen (falls du Gruppen machst: kosmischen) Fettnäpfchen zu treten. Du machst ab sofort:

AUGEN UND OHREN AUF!
UND WENN ES SEIN MUSS,
AUCH MAL DIE KLAPPE.

Du verweist jene, die dir ans Karma oder an die Brieftasche wollen, in ihre Schranken. Du hörst auf, um jene Situationen, die dir absolut nicht in den Kram passen, einen Bogen zu machen. Vielleicht kommen sie gerade dann nicht wieder?

Du übernimmst Verantwortung für deine Gefühle und Gedanken und machst trotzdem das, wovon sie dich ständig abhalten wollen ...

Du ahnst ja gar nicht, was alles auf dich zukommt – und was noch viel schlimmer ist: was die anderen von dir denken werden!

Immer wieder wirst du genervt aufs Pferd steigen, nur um zu erkennen, daß es dich schon im nächsten Moment wieder abwirft.

Und all die anderen, die permanent den Staub küssen, werden deine Versuche höhnisch belächeln.

SIE HABEN ES NÄMLICH SCHON IMMER GEWUSST ...

Und das Schlimme ist, sie glauben es wirklich! Zwar haben sie nicht die geringste Ahnung, wie man reitet, aber sie können viel darüber erzählen, wie leicht man auf Roßäpfeln ausrutscht. Selbst wenn du im Sattel bleiben solltest, werden sie Gründe dafür finden, warum du die besseren Chancen hattest.

Solltest du deinen Bewußtseinszustand in keinem der aufgeführten Stadien wiedererkennen – sei nicht traurig. Es gibt keinen Anlaß zur Besorgnis. In seiner unendlichen Weisheit und Güte hat Gott all die Geschöpfe in seinem Garten erschaffen, weil er sie liebt. Warum sollte es nicht auch einen Platz für dich geben?

Aber höre auf den Rat eines Freundes: Nimm den nächsten Zug und begib dich auf dem schnellsten Wege zur heiligen Quelle nach Lourdes. Bestimmt kann dir die heilige Jungfrau einen Tip geben, was Er sich dabei gedacht hat.

Geh auf gar keinen Fall zum Psychiater! Die informieren sich nämlich gewöhnlich bei jenen, die frisch gebadet und gekämmt von dort zurückkehren ...

Angst, Wut & Schmerz

Eine Expedition zu den verflixten Gründen.

Angst

Angst ist ein vortrefflicher Appetitzügler. Wenn du genug davon eingenommen hast, kann es gut sein, daß dir der Appetit auf das Leben gründlich vergangen ist!

Angst vor der Zukunft, vor der Einsamkeit, Angst vor der Dunkelheit oder der Sinnlosigkeit des Lebens. Ein Löffelchen für die Aufrüstung, eines für AIDS (aber bitte vorher das Löffelchen sterilisieren!), ein Löffelchen für die Arbeitslosigkeit, eines für die Umweltverschmutzung und die Kernkraft.

Mit einer fast masochistischen Beharrlichkeit werden sämtliche unerfreulichen Begebenheiten jeden Tag aufs neue durchgekaut, kommentiert und analysiert. Dabei vergessen wir leicht, daß unsere Gedanken die Tendenz haben, sich zu verwirklichen. Wir kreieren ein negatives Bewußtsein.

Frei wolltest du sein ... heute sitzt du in der Falle. Als Kind bist du herumgetollt, als wäre das ganze Universum eine phantastische Spielwiese, nur dazu da, damit sich jeder nach Herzenslust bedient – und vielleicht ist es das wirklich? Energie kann nicht vernichtet werden, nur verwandelt. Dieses unerschöpfliche, sich ständig wandelnde Potential: deine Lebendigkeit und Spontaneität, dein Mitgefühl, deine Fröhlichkeit und Offenheit, deine Unschuld und Empfänglichkeit, deine Neugier – sag mir, wo sind sie geblieben? Da nichts jemals aus dem Universum verschwinden kann, müssen sie noch da sein. Und ich weiß, daß sie noch da sind ... vielleicht warten sie voller Sehnsucht darauf, daß du sie endlich aus ihrem Dornröschenschlaf wachküßt. In jedem von uns steckt dieses heimliche Verlangen, diese Sehnsucht nach Lebendigkeit, der Wunsch, sich zu spüren. Gib ihm doch endlich nach!

Woher kommst du? Wohin gehst du? Wer bist du? – Alles ist nur ein Spiel. Doch in unserer Blindheit erlauben wir uns selbst nur die eintönigsten Varianten. Und wir tun es auch noch freiwillig, keiner zwingt uns dazu. Die Menschen haben es zu ihrer Lebensaufgabe gemacht, Ernsthaftigkeit zu verbreiten und so alles Schöne und Lebendige zu zerstören.

Aber das Leben ist absolut unlogisch! Phantastisch, aus dem Nichts hat die Schöpfung ein grandioses Stück inszeniert, in dem wir selbst Autor, Regisseur und Schauspieler zugleich sind. Die gesamte Existenz ist total verspielt. Nur der Mensch ist todernst, als wäre das Leben eine mühevolle Arbeit. Und weil wir verlernt haben zu spielen, suchen wir mit Verbissenheit nach dem Sinn des Daseins oder häufen in unserer Hilflosigkeit immer mehr Gründe an, warum es nicht geht ... dabei liegt es auf der Hand, direkt vor deinen Augen – siehst du es denn nicht?

VIELLEICHT SIND ALLE DRACHEN UNSERES LEBENS PRINZESSINNEN, DIE NUR DARAUF WARTEN, UNS EINMAL SCHÖN UND MUTIG ZU SEHEN.

Vielleicht ist das Schreckliche im Grunde das Hilflose, das unsere Hilfe will?

Angst ist das Fehlen von oder Mangel an Vertrauen; ein Ausweichen vor dem, was tatsächlich ist; Flucht vor der Realität, Weglaufen vor dem Augenblick; Angst vor der Wahrheit, Angst vor dem, was du ahnst oder befürchtest; Angst, nicht geliebt zu werden. Sich um etwas Sorgen machen, was gar nicht zur Debatte steht oder nicht in unserem Einflußbereich liegt, gehört genauso dazu wie die Zweifel an dir selbst und an deinen Fähigkeiten. Und wirklich: Je mehr die Angst wächst, je mehr Raum du ihr gibst, um so mehr treten mit der Zeit deine Fähigkeiten in den Hintergrund, was wiederum die Zweifel verstärkt. Eine Art Selbsthypnose: Wenn du die Angst krampfhaft loswerden willst, verstärkst du sie nur noch. Je mehr du dich mit ihr beschäftigst, desto mehr Energie wird sie beanspruchen. Wobei dasselbe natürlich auch für deine Zuversicht und deinen Optimismus gilt.

Angst lähmt, macht stumpf und leblos. Es gibt unendlich viele Ängste und ebensoviele Therapien, die bemüht sind, die Ursachen zu erkennen und die Angst an der Wurzel zu packen. Doch selbst wenn du den Grund für deine Ängste tatsächlich finden solltest, heißt das noch lange nicht, daß du sie dadurch loswirst. Am Ende hast du vielleicht noch immer Angst – und jetzt womöglich vor etwas, womit du niemals gerechnet hattest. So bedeutet jede Angst letztlich einen Mangel an Vertrauen. Wenn du Vertrauen in eine Sache oder einen Menschen hast, kannst du nicht gleichzeitig Angst haben. Wenn du die Angst losläßt, wirst du frei für etwas Neues. Du bist es, der Angst hat – und du bist es auch, der vertraut.

Oder ist das dein Trick: An der Angst festzuhalten, damit du nicht loslassen mußt, aber gleichzeitig zu behaupten: „Wenn nur diese Angst nicht wäre“? Vielleicht bist du in Wirklichkeit ganz froh darüber. Ist es das, was sich hinter dem Stoppzeichen in deinem Gesicht verbirgt? Vielleicht ahnst du es wirklich nicht, hast nur manchmal ein unerklärliches Unbehagen, das sich in gewissen Situationen zu einem unheimlichen Angstgefühl ausweitet.

Hast du Zwänge, Ticks und Macken, von deren Ursprung du keine Ahnung hast? Dahinter kann sich diese Angst verbergen. Sobald sie sich der Oberfläche deines Bewußtseins nähert, beginnt deine Abwehr zu arbeiten, und du bist unter Umständen gezwungen, Dinge zu tun, die du normalerweise nie machen würdest.

Du wirst sterben müssen, daran führt kein Weg vorbei. Wenn du es nicht schon während deines Lebens tust, dann spätestens, wenn deine Zeit abgelaufen ist. Und du wirst alles verlieren, alles, was dir jemals lieb und teuer gewesen ist: deinen Körper, deinen Partner, deine Kinder, deine Wohnung, deine Freunde, dein Postscheckkonto, deine goldene Uhr, dein Backgammon-Spiel – nicht einmal dieses Buch kannst du mitnehmen. Nur, wenn du *jetzt* den Mut hättest, loszulassen, anstatt dich totzustellen, würdest du ein neues Leben geschenkt bekommen, eine neue Qualität des Erlebens. Wer sein Leben festhält, wird es verlieren. Du wirst sterben müssen, wenn du leben willst, und loslassen müssen, wenn du haben willst. Und ganz unten, dort, wo deine Seele am tiefsten ist, wartet die Liebe ...

Wenn du du selbst bist, wirklich aus deiner Tiefe heraus, hast du keine Angst vor deinen Gefühlen, gibt es nur dich. Mit dem Denken kommt die Angst, und deine Gedanken kommen aus deinen Erinnerungen. Wenn du du selbst bist, bist du schön. Wenn du bist, was du bist, wer du bist, ist alles ungeheuer kraftvoll, was aus dir kommt; selbst deine Schwäche wird authentisch sein. Alles, was du aus tiefer Überzeugung tust oder sagst, kommt hundertprozentig an. Deine Rede wird überzeugender klingen als jede auswendig gelernte Technik aus einem Rhetorik-Seminar. Vielleicht ist es das, was die Anmut der Kinder ausmacht, daß sie – egal, was sie tun – immer aus dem Vollen schöpfen, aus sich selbst, aus ihrer Ganzheit, und damit aus der unendlichen Fülle und Klarheit des Seins? Ihr bewußtes Sein und ihr Unterbewußtsein klaffen noch nicht so weit auseinander; es gibt noch keinen großen Unterschied zwischen Denken und Handeln. Und dieses Überfließen, diese Fülle an Leben, rührt uns selbst an in unserer eigenen Tiefe. Sie bedienen sich keiner Ansichten und Ideen, nehmen keine abgedroschenen Dogmen oder fadenscheinigen Erklärungen zu Hilfe – und jeder, der offen genug ist, spürt, was in solchen Momenten geschieht.

Ängstliche Menschen wirken abstoßend, ob sie sich nun hinter ihrer Leblosigkeit, ihrer Ironie, Brutalität oder Ignoranz verstecken – hinter kraftlosen oder niederschmetternden Argumenten. Kinder reagieren auf eine solche Fassade besonders sensibel, als ahnten sie, daß da einer vor ihnen steht, der nicht zu packen ist, der keinen Halt bietet, einer, der sich hinter seinem Gerede nicht wirklich festlegt. Keine Mitte, kein Gegenüber, ein „Mann ohne Eigenschaften“. Reden als letzte Möglichkeit, Dinge zu verschweigen!

Wenn Gefühle danach drängen, zum Vorschein zu kommen, wir aber „gute Gründe“ haben, es ihnen zu verwehren, wird der angemessene Selbstausdruck gehemmt. Er wird ignoriert oder rationalisiert, weil der Betreffende fürchtet, sonst eine entscheidende Veränderung in sich selbst oder in seiner Umgebung herbeizuführen. So sind viele ständig „auf dem Sprung", immer in Gefahr, daß die Impulse herausplatzen – das macht Angst. Und es erfordert eine Menge Energie, einen Impuls zu unterdrücken. Alles auf Kosten des Handelns! Wie willst du was tun, wenn du gleichzeitig damit beschäftigt bist, deine Gefühle und die Angst vor deinen Gefühlen niederzuhalten?

So gibt es immer zwei Möglichkeiten: sich totstellen oder was tun – reden, denken und handeln. Keiner zwingt dich, etwas zu tun. Du kannst dein ganzes Leben in Wartestellung verbringen, bis die „richtige Gelegenheit" kommt – aber vergiß nicht: Das hier ist – womöglich – dein einziges Leben, und jede Minute, die du abwartest, wird dir am Schluß fehlen. Und jede deiner Ausreden, sogar jene, die dich selbst überzeugen, ist gleichzeitig eine Chance weniger.

Der Glaube kann Berge versetzen – aber anfangen mußt du schon selbst.

Wir merken nicht, wie wir unser Leben verschenken, weil es uns wichtiger ist, nach Gründen zu suchen, als ein spannendes und erfülltes Leben zu führen.

Und außerdem: Mit einem guten Blatt vermag jeder zu gewinnen – mit einem schlechten nur die Besten!

Egal, wo du bist und was du bist, wichtig ist nur, was du im Kopf und im Herzen hast. Liebevoll wirst du nicht, indem du wartest, bis „es" eintritt, sondern indem du etwas mit Hingabe und Wohlwollen machst. Als Kind hattest du den Kopf voller Ideen – heute bist du soweit, daß du im Ernst glaubst, das sei etwas Negatives! Vergiß es! Ein Kopf ohne Ideen ist wie ein Reifen ohne Luft. Sie haben dir den Kopf vollgestopft mit ihren eigenen Befürchtungen, Vorhersagen und Einschränkungen; mit ihren „guten Gründen", warum das meiste, was du sagst, tust oder denkst, blanker Unsinn sei. Haben sie es wirklich geschafft, dir den Schneid abzukaufen? Oder tust du nur so, weil es dir eine gewisse Sicherheit verspricht? Jetzt, wo du erwachsen bist, brauchst du nicht auch noch selbst nach Gründen zu suchen – du bist frei! Dein Kopf gehört dir, dir ganz allein.

ES GIBT KEINEN SCHLIMMEREN BREMSER IM LEBEN ALS EINEN GUTEN GRUND!

Heute liegt es an dir selbst, Überzeugungen zu gewinnen, Ideen zu überprüfen, anzunehmen oder abzulehnen. Selbst die größte Erfindung aller Zeiten hat nur den Stellenwert, den du ihr gibst.

Deine Einfälle, deine Ideen, deine Klarheit – mehr hast du nicht, oder hast du außer dem, was du bist, noch etwas anderes in der Hinterhand? Ist das nicht mehr als genug? Du brauchst sie nur wahrzunehmen, dich nicht verbissen auf Eigenschaften zu konzentrieren, die du sowieso nicht hast ... Deine Gewißheit, deine Ideen, deine Kreativität – hast du diesen ganzen Reichtum geschenkt bekommen, nur damit du dich permanent blind und taub stellst? Bist du eigentlich für dich oder gegen dich?

So ist der erste Schritt, daß du dich überhaupt mal zu denken traust, was du im Leben haben und erreichen willst. Viele Menschen haben bereits so eine glanzvolle Dressur hinter sich, daß ihnen schon dieser Vorschlag Angst macht. Sie winken müde ab, kämpfen lustlos auf Nebenschauplätzen, wenden lieber eine Unmenge Energie für Sachen auf, die sie kaum oder nur schlecht beherrschen; rackern sich in Grund und Boden, jammern über mangelnde Erfüllung in Beruf und Partnerschaft; kommen einfach nicht weiter und verlieren zusehends an Kraft, bis sie irgendwann wirklich zu nichts anderem mehr fähig sind als zu dem, was sie nie wirklich wollten, weil es ihnen im Grunde ihres Herzens egal war ... statt sich voller innerem Engagement locker, leicht, „aus den Hüften heraus" mit dem zu beschäftigen, was ihr wirkliches Anliegen ist, was ihnen Spaß bringt, Erfüllung und vollen Erfolg. Wenn du hundertprozentig bei der Sache bist, bei etwas, was dich wirklich interessiert, wird das Resultat 100 Prozent sein, und das eher locker ... Wenn du aber an Sachen beteiligt bist, die dich im Grunde nicht „anturnen", wirst du niemals 100 Prozent schaffen können, dafür wird dir die Zunge heraushängen! Der beste Kurzstreckenläufer wird höchstens ein mittelmäßiger Hochspringer werden, aber als Läufer ist er Klasse!

Wenn du jetzt mit dem Gedanken liebäugelst: Es können ja nicht alle das machen, was ihnen behagt – ich rede nicht von allen, ich rede bloß von dir. Alle ganz sicher nicht – doch wie wäre es mit dir?

Wir finden tausend Gründe, etwas nicht zu tun, ob in Wirklichkeit oder nur in Gedanken. Wo ist da der Unterschied? Wie viele Dinge in unserem Leben tun wir nicht, bloß weil auf dem Weg dahin Gefühle auftauchen! Ob ich nun etwas tue oder nicht: Die Angst habe ich ja eh schon. Aber die Hosen voll und was getan zu haben, ist ein tolles Gefühl; hinzu kommt, daß in der entsprechenden Situation meist ganz was anderes passiert, als wir befürchtet haben.

Hast du ein Kontaktproblem? Du wirst es nicht lösen können, solange du die Kommunikation mit anderen vermeidest. Nur wenn du Kontakte herstellst, besteht eine Aussicht, selbst wenn dir dabei das Herz stehenzubleiben droht: Garantie gibt's trotzdem keine! Aber durch Vermeiden klappt's schon gar nicht! Es hilft dir auch nicht, wenn du so tust, als wärst du nicht einsam. Jeder sieht es dir an der Nasenspitze an. Es sind gerade diese unbewußten Nuancen, dieses Nicht-haben-Wollen, die den anderen ganz besonders ins Auge stechen.

Bist du schon so cool, daß sich mancher fragt, was mit dir eigentlich los ist? Brauchst du keine Freunde? Dann bist du aber was ganz Besonderes! Gehörst du zu den Millionen Menschen, die sich an den Wochenenden in diesen Kontakttempeln treffen, um auch dort noch zu schweigen und so zu tun, als wären sie gar nicht, was sie sind: nämlich einsam? Sie sind wohl alle nur irgendwie „zufällig" da ...

Auch wenn du noch solche Angst hast, abgelehnt und ausgelacht zu werden, auch wenn dir das Blut in den Kopf schießt, dir die Knie schlottern und du nur noch stammeln kannst – dir bleibt nichts anderes übrig, als es trotzdem zu versuchen! Jedes Mit-der-Angst sein und es trotzdem machen, bringt uns ein Stück Selbstvertrauen; und jedesmal, wenn wir etwas unterlassen, was wir eigentlich tun wollten, rutscht uns das Herz ein Stück weiter in die Hose.

Trau dich, deine Wünsche überhaupt erst einmal wahrzunehmen, sie dir einzugestehen. Je reifer, bewußter und lebendiger ein Mensch ist, um so neugieriger ist er. Angepaßtheit, Unterordnung, Desinteresse und Meinungskonformität machen zwar einen guten Staatsbürger aus, aber einen schlechten Magen! Und in diesem Buch geht es nicht darum, wie du dich am besten totstellen kannst, wie du so unauffällig wie nur möglich über die Runden kommst, sondern darum, wieder lebendig zu werden, spontan und wach deinen eigenen Wünschen und dem Leben gegenüber – und selbstbewußt. Wenn du deine Wünsche erst gar nicht bewußtwerden läßt, wie kannst du dann entscheiden, ob du ihnen nachkommen oder auf ihre Erfüllung verzichten willst?

WÜNSCHE SIND DEINE STÄRKSTEN KRÄFTE!

Gehst du so mit deiner Kraft um? Dann wundere dich nicht, daß sie nachläßt, daß du dich oft schwach, müde und verstimmt fühlst. Je mehr du auf deine innere Stimme hörst, um so stärker werden sich deine Wünsche melden – und du wirst in dem Maße vitaler werden, je mehr du sie dir eingestehst, statt sie zu verdrängen; je mehr du sie befriedigst, statt sie mit einer Handbewegung abzutun und so dem Mangel und dem Verzicht das Wort zu reden. Vom Unterdrücken werden deine Wünsche nicht weniger, sie verschwinden auch nicht, sondern führen ein lästiges Schattendasein und melden sich bei jeder unpassenden Gelegenheit – schlimmstenfalls als Zwänge und Gedankenterror. Manche Menschen kommen mir vor wie die Fernsehzuschauer bei einer Eislaufkür: Wenn die hübsche Eiskunstläuferin mit ihren langen Beinen, dem aufregend schönen Gesicht und diesem engen Trikot, das ihren Hintern wie eine zweite Haut umspannt, wie eine Märchenfee über das Eis tanzt, und der Kommentator redet über alles mögliche, nur über das, was wirklich interessiert, verliert er kein einziges Wort ... Und die Zuschauer gucken drüber und drunter, hierhin und dahin, und was sie denken, denken sie gar nicht. Zumindest verrät ihre gewichtige Miene, daß es ja um ganz was anderes geht: Sie wird für ihre Kür benotet.

Ich rede hier nicht der spontanen oder rücksichtslosen Wunscherfüllung das Wort! Aber um einen Wunsch überhaupt zu haben, muß ich zumindest das Bedürfnis zulassen! Daraus entsteht dann ein Wunsch, den ich mir erfüllen kann oder auch nicht. Ob ich mich nun dafür oder dagegen ausspreche, in jedem Fall bin ich es, der die Entscheidung trifft, und allein das Sich-wünschen-Trauen setzt jene Energie frei, die normalerweise für seine Unterdrückung gebraucht wird.

Wünsche sind etwas ganz Ursprüngliches in uns allen – Phantasie, die in Bewegung kommt. Unterdrückung verneint die Phantasie. Das Ergebnis ist ein phantasieloser Mensch, und phantasielose Menschen sind langweilig! Unser innerer Reichtum ist unendlich groß, und um äußerliche Beschränkungen zu überwinden, muß man zuerst den inneren Horizont erweitern. Wunschlos glücklich sind meist jene, die in Wirklichkeit wunschlos unglücklich sind.

DIE HEMMENDE INSTANZ BIST DU SELBST!

Du bist es auch, der sich – sogar freiwillig – in seinen Gedanken und Handlungen einschränkt, weil er sich schon im voraus ausmalt, wie die anderen reagieren könnten. Wer sich gegen Lebendigkeit, Phantasie und Spontaneität verschließt, der kämpft gegen einen übermächtigen Gegner: die gesamte Schöpfung!

Alles ist dir gegeben worden, und das war pure Absicht. Warum sollte die Schöpfung dich sonst so reichlich ausgestattet haben, statt dich mit dem Intellekt, der Kreativität und dem Selbstbewußtsein eines Huhnes zu versehen?

Augen auf! Sag es, wenn du etwas Besonderes an einem Menschen bemerkst! Die Löwenmähne einer Milva ist nicht selbstverständlich, wenn man sie neben einen Glatzkopf stellt. Die Spontaneität und Offenheit deines Gesprächspartners ist wohltuend gegenüber dem exzentrischen Gehabe eines Besserwissers. Warum schweigst du, wenn es dir auffällt? Verteile Komplimente! Das hübsche Mädchen mit dem Pferdeschwanz trägt diesen bestimmt nicht so auffällig in der Gegend spazieren, nur damit es keiner bemerkt.

Du ahnst gar nicht, wie bereitwillig sich Menschen von einem anderen, der Positives ausstrahlt, mitreißen lassen. Einer, der nicht ständig die Fehler seiner Mitmenschen kritisiert, nur um sich selbst zu rehabilitieren, jemand, der die Toleranz aufbringt, andere nicht dauernd in Frage zu stellen, sie einfach sein läßt, wie sie sind, ist wie die warme Sonne Teneriffas, die dir wohlig den Rücken wärmt. Und die Wahrscheinlichkeit, daß auch du mehr von dem abkriegst, was du liebst und gern hast, ist viel größer!

Ein sympathischer, offener Mensch führt dich zu deiner eigenen Mitte hin. Dorthin, wo wir sind, was wir wirklich sind: Menschen voller positiver Energie, voller Zärtlichkeit und Vertrauen. Hinter der ganzen Negativität, dem Wust aus Angst, Trotz und was auch immer, steckt in jedem Menschen ein lebensbejahendes, im Grunde harmonisches Wesen. Wieviel Liebe steckt doch hinter dem Haß auf unsere Eltern und auf andere – oft so verdrängt, daß wir wirklich keine Ahnung mehr davon haben. Das ist kein positives Denken, nur die Wahrheit. Lebensfreude wirkt ansteckend, reißt Mauern und Fassaden nieder.

ES GIBT KEIN MITTEL GEGEN FREUDE!

Es sind deine negativen Gedanken, die dich davon abhalten. Auch wenn der psychoanalytische Ansatz vieler Therapien die Frage aufwirft: Werde ich wirklich glücklicher, wenn ich das jetzt mache – frei nach dem Motto: Wie kann einer mit solchen Schuldgefühlen, Zwängen und Ängsten überhaupt glücklich sein? Vielleicht hast du nur vergessen, was dich glücklich machen kann? Stell dir mal ganz plastisch vor, was dich wirklich interessiert. Nicht-Interesse ist oft nur ein Vorwand für wahres Interesse, dem wir nicht nachgehen wollen.

Kennst du das Ja-aber-Spiel? Auf jeden Ratschlag, auf jede Ermutigung, die ich dir gebe, winkst du resigniert ab: Sicher könnte es im Prinzip funktionieren, aber ... bis es mir endlich zu blöd wird.

Garantie gibt's keine! Mag sein, daß du glücklicher wirst; vielleicht wirst du auch nur zufriedener sein als wenn du gar nichts tust. Bist du denn wirklich glücklich, wenn du dich totstellst und das Leben wie einen Film an dir vorüberziehen läßt? Du brauchst nicht erst deine Vergangenheit aufzuarbeiten, um ins Hier und Jetzt zu kommen – du bist schon da!

Gründe suchen in der Vergangenheit, bloß um der Gründe willen, kann ein Trick sein, aus der Gegenwart auszusteigen. Vielleicht hast du einfach nur Angst?

Falls du mir nicht glaubst: Wann, denkst du, wirst du ungefähr so weit sein? Andererseits, wenn du ein wirkliches Problem hast, das unbestimmte Gefühl, daß da was nicht stimmt: Geh dem ruhig auf den Grund und ignoriere es nicht!

Negative Gedanken, Einstellungen und Befürchtungen wie „Ich kann mich nicht so zeigen, wie ich wirklich bin" hatten damals wahrscheinlich ihren Sinn; sie haben uns davor geschützt, gedemütigt und ausgelacht zu werden, vielleicht sogar vor Gewalttätigkeiten. Heute beschränken sie unser Leben! Weil es gestern schmerzhaft war, so fürchten wir, wird es morgen wieder so sein. Mit dieser Angst gehen wir durchs Leben, tragen sie wie ein Schild vor uns her und wundern uns, wenn eintrifft, was wir befürchten ...

Und alles, was in diese Einstellung paßt, verstärkt die Angst noch. Unser innerer Computer, auch Verstand genannt, zeichnet alles auf. So verbringen die Menschen einen Großteil ihrer Zeit in der Vergangenheit, weil sie sich freiwillig aus der Gegenwart ausblenden. Unbekannte Situationen, unangenehme Gedanken, die vom Programm abweichen, Offenheit, Lebendigkeit und Vertrauen bedeuten Gefahr und bringen unsere Identität ins Wanken. Dabei existiert Angst an sich überhaupt nicht, sie ist ständig auf etwas bezogen. Der Gedanke an den Schmerz der Vergangenheit projiziert die Angst auf die Gegenwart und Zukunft; durch die Ängste der Vergangenheit glauben wir, die Zukunft vorhersehen zu können – und exakt so sieht die Welt dann auch aus.

Sich stets wiederholende Gedanken und Worte – und Worte sind ja bloß formulierte Gedanken! – spielen eine wesentliche Rolle dabei, dieses negative Weltbild zu zementieren. Das Ergebnis unseres Gedankenkarussells ist Angst! Durch die entstellten Erinnerungen nehmen wir nur Bruchstücke wahr, die wir mit dem Ganzen verwechseln! Und diese Aufzeichnungen stellen uns einen großen Teil der Kategorien zur Verfügung, mit denen wir unser Leben bestimmen. Was du heute denkst, wird morgen unweigerlich überhandnehmen – was sonst? Alles, was wir sind, ist das Ergebnis dessen, was wir gedacht haben! Es gründet sich auf unsere Gedanken über die Welt und natürlich auch über uns selbst. Und nachdem sogar das nur ein Gedanke ist ...

Dazu kommt, daß unsere Anschauungen von unserer Kultur, Herkunft und Erziehung geprägt werden, beim Mann auch noch anders als bei der Frau. Und noch verwirrender wird das Ganze, wenn du als Mann so wahrnimmst, wie es eigentlich eine Frau tun sollte oder umgekehrt.

Falls nun diese ganze „Software“, die wir, mehr oder weniger hilflos, seit der Geburt verinnerlicht haben, spurlos an dir vorübergegangen sein sollte: Wo warst du während der ganzen Zeit? Hast du ein Alibi? – Vielleicht bist du auch so abgebrüht, daß das tapfere Schneiderlein ein schlotternder Angstneurotiker gegen dich ist. Nur, vergiß eines nicht: Wer wirklich selbstbewußt ist, der tut gar nicht so, als sei er es. Selbst-bewußt-Sein heißt, sich seiner Ängste und Schwächen genauso bewußt zu sein wie seiner Stärken.

Vielleicht bist du Karatekämpfer oder Fallschirmspringer geworden, weil du in Wirklichkeit so viel Angst hast, daß du dir und der ganzen Welt bestätigen mußt, für wie furchtlos du dich hältst. Vielleicht verleugnest du deine Angst, indem du dir zwanghaft Aktivitäten suchst, bei denen du das Gefühl hast, deine Angst zu „überwinden“; indem du dich Hals über Kopf in Sachen stürzt, vor denen du am meisten Schiß hast? Vielleicht bist gerade du in der größten Gefahr, dein Leben einmal selbst auszulöschen, weil du gegen etwas ankämpfst, von dessen Existenz du nicht einmal eine Ahnung hast.

Wut

Wut ist eine Manifestation von Energie, ein Gefühl wie jedes andere auch: sie kommt und geht. Menschliche Gefühle sind nicht gut oder schlecht – sie sind. So wie ein Baum, der starke und lange Wurzeln hat, die tief in die Erde reichen, die schönsten Früchte trägt, so ist ein Mensch mit intensiven und starken Gefühlsregungen auch dazu fähig, ein Übermaß an Liebe, Kraft und Wärme zu geben.

Wir haben gelernt, daß es gute und schlechte Gefühle gibt – doch wir wollen in uns natürlich nur die guten. Aber, wie willst du ein erfülltes und reiches Leben führen, wenn du die Hälfte deiner Gefühle nicht haben willst?

ALLES, WAS WIR NICHT HABEN ODER SEIN WOLLEN, IST STÄRKER ALS JEDER WIDERSTAND – WEIL ES DA IST.

Wenn die Wut nicht kommen darf, geht sie auch nicht; wenn du sie nicht haben willst, wirst du sie auch nicht loswerden.

Solange wir Dinge ändern wollen, sind wir nicht in Kontakt mit dem, was wirklich ist – stattdessen sind wir darauf fixiert, das was ist, zu „verändern". Und so erzeugen wir dieses Nicht-haben-Wollen.

Wenn du dich deiner Wut gegenüber taub stellst, wird sie hartnäckig: Sie will gehört werden. Und du brauchst immer mehr Energie, um sie niederzuhalten oder so zu tun, als wäre sie nicht da. Vielleicht kommt sie ganz plötzlich über dich, überfallartig, ohne jede Vorwarnung? Und dann gnade dir Gott, falls der nicht gerade etwas Interessanteres zu tun hat, als sich um deine Anfälle zu kümmern.

Sich seiner Gefühle bewußt werden, heißt nicht, über sie nachdenken, sie begreifen wollen oder nach Erklärungen suchen. Wenn du atmest, denkst du auch nicht über die Funktion der Atmung nach. Annehmen und gewähren lassen, nicht dafür sein und nicht dagegen. So wird der Weg frei für das Problem hinter der Wut, oder es tauchen andere Gefühle auf, die du schon in frühester Kindheit verdrängen mußtest. Wehr dich nicht dagegen, das wird sie nur noch verstärken, laß sie einfach durch dein Bewußtsein ziehen. Wut auf die Wut, Angst vor der Wut, Wut auf die Angst vor der Wut, Sich-Totstellen, Beklemmung. Und dieser Wachhund in dir kläfft: Wenn ich liebevoll sein will, kann ich es nicht – wenn ich lachen will, kann ich es nicht – wenn ich weinen will, kann ich es nicht!

Wer ist es eigentlich, der dich davon abhält? Bist du es womöglich selbst, schiebst aber die Schuld auf andere? Weil du einfach zuviel Angst hast, du selbst zu sein, weil dir diese ganzen Standpunkte und Ideen eine gewisse Sicherheit versprechen?

JEDER STANDPUNKT KOSTET DICH EIN STÜCK LEBENDIGKEIT!

Vielleicht sind wir auch bloß so wütend, weil wir es nie sein durften? Im Grunde noch immer wütend darüber, wie oft wir als Kind verletzt, verspottet oder gedemütigt wurden, ohne so recht mitzukriegen, was es nun eigentlich war, das uns Tag für Tag ein Stück mehr unseres Selbstwertgefühls raubte. Und heute projizieren wir munter drauflos, nur um die Bestätigung zu kriegen, daß es so ist, wie es war?

Zumindest behaupten die Analytiker, daß die Gründe für unsere Wut in der Vergangenheit zu finden seien. Aber womöglich haben wir alles gefunden und sind dann immer noch wütend? Vielleicht sind Gefühle etwas, was einfach da ist, wenn es da ist; und wenn es nicht mehr da ist, dann kommt halt was anderes?

Es sind die Überreaktionen in der Gegenwart, die auf einen solchen „Urfundus" schließen lassen. Wer kennt nicht den Gesprächspartner, der bei einer einzigen zusätzlich gestellten Frage in die Luft geht? So kann das Aussprechen all der Dinge, die uns in der Vergangenheit widerfahren sind, heilsam und befreiend sein, dieses Endlich-gehört-Werden im Sinne von Gerechtigkeit erlangen oder Verständnis für die erlittenen Demütigungen finden.

Eine gute Möglichkeit, zumindest eine Zeitlang, Verknüpfungen zu Ereignissen aus der Vergangenheit herzustellen, ist Primärtherapie. Aber selbst das exzellenteste Wiederbeleben einer vergangenen Situation ist nur eine Kopie! Wenn du mir nicht glaubst: frag mal deine Mutter was, wenn du dich in der „Vergangenheit" befindest – sie wird dir nicht antworten!

Du kannst dasselbe Wiener Schnitzel kein zweites Mal essen oder, wie Laotse sagt, „kein zweites Mal in denselben Fluß steigen".

Du brauchst keinen Grund für deine Wut, sonst müßtest du auch für all deine anderen Gefühle Gründe haben: Liebe, Sex, Freude – doch da sucht keiner! Vielleicht sind Gefühle einfach, und das ist alles?

WER IST SCHULD DARAN, WENN ES DIR GUT GEHT?

Vielleicht gibt es keinen Grund für deine Wut, aber da ist zumindest jemand, der ständig wütend ist. Und es gibt genug Feinde und Umstände, an denen wir unsere Wut aufhängen können – wenn wir nur wollen. So wenig kannst du gar nicht sagen, daß mich kein Wort stört; und falls du jetzt schweigst: das stört mich erst recht!

Ständig stoßen wir uns an Sachen, die andere Leute tun oder nicht tun, und schon haben wir einen Grund für die Wut in uns gefunden. Dabei ist der andere im Grunde nur der Auslöser, dem wir eigentlich dankbar sein sollten, weil er uns zu der reichen Palette unserer Gefühle hinführt.

Indem wir immer wieder alte Erinnerungen in die Gegenwart heraufbeschwören, versuchen wir nachträglich eine Lösung zu inszenieren, wie es hätte sein können, wenn . . .

Aber die Vergangenheit ist vorbei, unwiederbringlich, und DU LEBST JETZT!

Und diese gewaltige Energie, mit der wir an Vergangenem festhalten, fehlt uns zur Lösung gegenwärtiger Probleme. Es gibt eine ganze Menge Warums, und es gibt Therapien, die sich jahrelang damit beschäftigen, warum einer das macht, was er macht. Hast du je eine wirklich befriedigende Antwort auf irgendein Warum bekommen?

Kinder haben da eine eigene Methode: Auf jede Antwort, die du ihnen gibst, fragen sie wieder: Warum?

Es gibt Menschen, die meditieren sich halbtot, um auf die Frage nach dem Sinn des Lebens oder ein anderes Warum eine Antwort zu bekommen; andere frieren sich im Himalaja die Finger ab; und wieder andere werfen dem nächstbesten Guru ihr Geld in den Rachen, bis dieser sich langsam selbst wundert: „Warum ...?"

Wut ist das, woran du dich wie ein Berserker festklammerst, während du ständig wissen willst, wie du sie loswirst. Vielleicht ist sie gar keine Mauer, durch die du unbedingt mit dem Kopf durchmußt? Vielleicht ist sie eine Brücke, die du elegant überschreiten könntest? Wer wütend ist, ist immerhin am Leben! Auf alles mögliche mit Wut zu reagieren, kann eine Lebensweise sein, die immer noch besser ist, als apathisch in der Ecke zu hocken, bis der Anfall vorbei ist, den viele Leben nennen. Sie kann ein Weg sein, mit Enttäuschungen umzugehen, auf Frustrationen zu reagieren – aber auch: nicht wirklich zu reagieren. Ein Trick, mit dem du dahinterliegende Gefühle wie Angst, Schmerz, Trauer oder Verlassenheit besser abschotten kannst. Vielleicht war es als Kind deine einzig mögliche Antwort auf zugefügten Schmerz?

Hinter all der Wutenergie steckt in der Regel ein verletzlicher und liebevoller Mensch, der halt immer wieder auf verdrehte Weise darum bittet, endlich ernstgenommen, geliebt und angehört zu werden.

Wenn du innerlich sehr wütend bist, kann das einer der Gründe sein, warum du Kontakten und neuen Möglichkeiten, meist sogar unbewußt, aus dem Weg gehst. Es geht dir nämlich in Wahrheit nicht so sehr um die Beziehung, als vielmehr darum, wie du deine Wut in Schach halten kannst. Oder anders: Wo kannst du sie ungestraft ausleben? (Aber die Stunde des Rächers kommt nicht um Mitternacht ... Sie hat nie geschlagen, und wenn doch, dann hast du sie wahrscheinlich verpaßt, weil du lieber mit Murmeln gespielt hast. Leg eine andere Platte auf, nach der man wenigstens schwofen kann.)

So dringt deine Wut tröpfchenweise wie ein schleichendes Gift in jeden deiner Kontakte ein. Unter Umständen mußt du dir sogar das Lachen verkneifen, sonst geht sie los, die Bombe ... Vielleicht liegt hier der Grund, warum unsere Mitmenschen oft so „beherrscht" reagieren, obwohl sie es doch in Wirklichkeit nicht sind (außer mir und dir natürlich). Aber wer was anderes ist als er selbst, ist tot! Und viele wagen es nicht einmal, sich das klarzumachen. Nur wollen sie keine wütenden Menschen um sich haben, weil sie dann Gefahr laufen, ihre eigene Wut zu spüren – vielleicht empfinden sie Wut auf sich selbst, weil sie so wütend sind?

Fang an, deine Wut auszudrücken – und zwar dort, wo es niemandem schadet. Unter all den Wutbekämpfungsmitteln wie Kissenschlagen, Punchingball, an die Wände hämmern, andere bis zum Erbrechen beschimpfen oder sich generell eine rotzige Ausdrucksweise angewöhnen, zeige ich dir eine einfache Methode auf, die wirkt: Schalt den Plattenspieler ein, stell dich mitten in dein Zimmer, halt dir ein Kissen vors Gesicht – und brülle! Laß alles raus, was du normalerweise nur denkst, und besonders jenes, was du nicht mal zu denken wagst. Das ist meistens das Interessantere! Damit du auch so richtig schön in Fahrt kommst, stell dir Situationen aus deiner Vergangenheit vor oder laß in dir Erinnerungen an deine Eltern und Geschwister hochkommen, bis du endlich genug davon hast, diesen ganzen deprimierenden Mist immer wieder aufs neue heraufzubeschwören. Wut mit einem Kindheitserlebnis in Verbindung zu bringen, kann wirklich eine sehr effektive Methode sein, um in Wut zu kommen ... Immer mehr wird dir einfallen, immer sinnloser wird dir deine Kindheit vorkommen – geh meinetwegen noch weiter zurück, bis du in ein vergangenes Leben eintrittst. Du wirst dich vermutlich grün und blau über all das ärgern, was dir einmal widerfahren ist. Und wenn du sonst nicht weißt, was du mit deiner vielen Freizeit anfangen sollst: Peile kontinuierlich Adam und Eva als die Hauptschuldigen deiner Misere an! Falls sie gut deutsch sprechen, frag sie, wo's weitergeht.

Sollte dir keine Szene aus einem vergangenen Leben einfallen: Streng dich nicht weiter an – vielleicht ist das hier dein erstes Leben, und du bist trotzdem schon so durcheinander! Und eines vergiß nicht:

DIE ZEIT, DIE DU IN DER VERGANGENHEIT VERPLEMPERST, FEHLT DIR IN DER GEGENWART!

Falls dir überhaupt kein Bild aus deiner Vergangenheit einfällt, auch jene Szene nicht, als du mit dampfenden Windeln ins Wohnzimmer tratest, wo alle Verwandten versammelt waren ... so nehme ich dir das erstens nicht ab, und zweitens: Woher hast du dann deine Wut?

Du kannst jahrelang auf ein Kissen einschlagen, aber eher wird dieses neurotische Federvieh seine Lieferungen einstellen, als daß du deine Wut loswirst. Warum? Weil es neben deiner Wut auch zufällig noch dein Standpunkt ist, den du permanent in das zerfledderte Kissen eingravierst. Selbst wenn es die erlesensten Daunen wären: allein dadurch wirst du weder deine Wut „loswerden" noch deinen Standpunkt ändern. Dadurch nicht! Aber vielleicht durch etwas anderes. Vielleicht wird dir plötzlich ein Licht aufgehen, und du wirst es entdecken.

Was? – Schrei mal schön, und es wird sich melden! Solange du allerdings diese Wut in dir hast und sie wie abgestandenen Bohnenkaffee ständig aufwärmst, kannst du es nicht erkennen. Dein Blick ist getrübt, deine Gedanken und Worte kreisen um deinen „gerechten" Zorn – und um deinen Standpunkt, der dir sicher vernünftig vorkommt. Ganz so vernünftig scheint er aber doch nicht zu sein, sonst würdest du bestimmt was Interessanteres machen ... Na, versuch es wenigstens ein paar Wochen, sonst glaubst du mir nicht – warum solltest du auch? Aber du wirst es erfahren, und dagegen kommst du nicht an.

Laß dich überraschen ... du bist hier, und zwar jetzt, die Vergangenheit ist vorbei, auch wenn du dir ständig Raubkopien besorgst! Mit deiner Wut kannst du nicht „fertig" werden – weil du die Wut bist! Um mit der Wut fertig zu werden, müßtest du erstmal mit dir ins reine kommen, und du weißt ja am besten, was für ein sturer Bock du sein kannst!

Du bist die Quelle all deiner Erfahrungen, von Liebe ebenso wie von Haß oder Traurigkeit.

Wie soll die Quelle ihr Wasser loslassen? (Einfach lossprudeln geht nicht. Und mit faulen Tricks schon gar nicht!) Überhaupt, sei vorsichtig mit dem Loslassen, womöglich hast du dann gar nichts mehr, woran du dich festhalten kannst. Nimm für den Ernstfall wenigstens eine Zigarette zwischen die Finger – sonst bleibt dir nichts anderes mehr übrig, als etwas zu tun – mit oder ohne Wut.

NIEMAND AUSSER MIR BEWEGT DIESEN KLEINEN FINGER HIER!

Tatsächlich bist du es allein, der auf alles mögliche mit Wut reagiert. Du, niemand sonst! Keiner zwingt dich dazu, und du machst es trotzdem. Du brauchst mir jetzt auch nicht weismachen, daß sie dich wie ein Blitz aus heiterem Himmel überfällt; möglich, daß es bei dir wirklich ein eingeschliffener Reflex ist, so daß du annimmst, sie käme von bösen Geistern – ich nehme es dir trotzdem nicht ab, selbst wenn du von hundert Dämonen besessen sein solltest, die alle zufällig nichts mit dir zu tun haben ...

Wenn du es nicht ändern kannst, wer dann? Es sind deine Erfahrungen, und wenn du jetzt die Augen zumachst, ist es auch deine Dunkelheit – nicht meine!

Leider ist die Wut dein Aufziehknopf, dein routiniertes Energiespiel, für das du dich nun einmal entschieden hast. Und jeder kann dich bei deiner Wut packen, weil du darauf anspringst wie ein hochtouriges Motorrad.

ALLES IST MÖGLICH – DEM, DER VERTRAUT!

So traust du keinem über den Weg und schon gar nicht einem über dreißig – weil du selbst schon über dreißig bist? Und weil du im Grunde kein Vertrauen hast, und weil du dir auch noch einredest, jemand in der Vergangenheit hätte dein Vertrauen „zerstört“ – was gar nicht möglich ist, es sei denn, du sprichst demjenigen nachträglich eine solche Macht zu –, fürchtest du, jeder wollte und könnte dich verletzen. Und so schief liegst du damit gar nicht: Wer mit so viel Wut im Bauch durch die Gegend läuft, muß mit allem rechnen ... Klar, daß dir die anderen zuvorkommen wollen!

Wenn du also eine gute Erklärung für deine Wut findest: wie schön für dich! Ob sie dadurch weggeht? Tatsächlich ist nicht irgendein ungnädiges Schicksal für unser Leben verantwortlich. Diese verflixten Umstände: Gott, Mami oder Karma – was wir die ganze Zeit machen, ist, die Verantwortung auf andere abschieben. Ganz egal, wie wir über unsere Gefühle urteilen: Sie sind da! Erst wenn wir für das, was da ist, Verantwortung übernehmen, anstatt es nicht haben zu wollen, es zu unterdrücken oder nach irgendwelchen „Gründen" zu suchen, erst dann kann die Wut, oder was immer du als solche bezeichnest, verschwinden!

Sind es deine negativen Gedanken, die dich wütend machen, diese eintönige Kassette in deinem Kopf? Je stärker die Gefühle, um so stärker prägen sie dein Denken; je stärker die Gedanken, um so radikaler die Ideen. Du bist es selbst, der aus seinen Gefühlen negative Gedanken kreiert. Wir haben alle die Macht, unseren Verstand zu lenken. Ich kann aggressiv sein, Eifersucht oder Mißtrauen empfinden, ohne mir bewußt zu werden, daß dahinter Angst steckt.

Manche Tatsachen kannst du halt nicht ändern: Wenn dir das Haus gegenüber total gegen den Strich geht, kannst du es nicht abreißen – aber du kannst deine Gedanken ändern. Höre den Leuten in deiner Umgebung einmal zu, worüber sie sprechen, und du wirst hinter ihren ganzen Ansichten, Argumenten und Meinungen erahnen können, wie sie sich f ü h l e n! In Wirklichkeit verwechseln sie innen mit außen ...

Es geht darum, diese jahrzehntelange negative Routine zu durchbrechen; diese gewaltige Energie, die im angelernten Sich-selbst-Übertölpeln steckt, dieses permanente Sich-selbst-Schaden, durch zunehmende Aufmerksamkeit und Wachheit zu korrigieren und eine positive Routine zu entwickeln – diesmal zu deinem Vorteil!

Erwarte keine Wunder, keine Spontanheilung, aber fang wenigstens damit an, etwas toleranter mit dir umzugehen. Hab Vertrauen! Ich weiß, daß du in Ordnung bist! Es sind immer die Empfindsamsten und Ratlosesten, die wild um sich schlagen. Es gibt einen Ausweg, und der heißt: Harmonie in deinem Kopf und in deinem Herzen ... Und selbst wenn du nur mit deiner Disharmonie und deinem Chaos in Frieden zu leben lernst, bist du schon auf einem guten Weg.

Deine Wut entspringt deiner Verunsicherung und Enttäuschung, deinen selbstgestellten Fallen, deiner Hoffnung auf Entschädigung und Rache. Laß deine Heimzahlgefühle los!

Falls es nicht so einfach geht: hab Geduld mit dir – allein schon dadurch kommst du einen Schritt weiter! Und außerdem: Wer hat da was von einfach gesagt? Wir schauen zuerst immer nach innen, bevor wir hinausschauen, und nehmen einen Angriff sozusagen erst wahr, nachdem es in uns „gefunkt" hat. So entstammt jeder Ärger eigentlich unserem Verstand. Wir produzieren Ärger durch unsere Gedanken, aus denen Gefühle, Erfahrungen und Handlungen erwachsen. Mit unseren Angriffsgedanken verletzen wir uns im Grunde selbst. Die Rechtfertigung für unseren Ärger nützt uns nicht wirklich und bringt auch den ersehnten Frieden nicht.

Als Kind wurdest du vielleicht gezwungen, deine Wahrheit zu verleugnen, dich blind und taub zu stellen, um den Erwachsenen nicht vor Augen zu führen, wie blind sie sind, wie oft sie sich und anderen gegenüber bewußt-los sind. So wie es die kleine Maria-Cornelia einmal ausdrückte: „Oft möchte ich etwas Wichtiges sagen, habe aber Angst, daß mein Vater einen Schlaganfall bekommt." Man ist ja sozusagen für die Gesundheit der Eltern mitverantwortlich. Vielleicht hast du diese Gewohnheit bis heute beibehalten? Vielleicht kommunizierst du mit anderen noch immer auf dieser Ebene, indem du, statt etwas zu sagen, nur weiß Gott was über sie denkst?

Reden ist Leben! Und im Reden und Tun offenbart sich auch dein Wesen. Wie sollen andere über deine Gefühle Bescheid wissen, wenn du schweigst? Wie willst du ein Mädchen kennenlernen, wenn du es gar nicht ansprichst? Es wird dir nicht gelingen, es sei denn, du bist Eros Ramazotti persönlich, und alle fliegen auf dich. (Nur: Wozu liest du dann dieses Buch, Ramazotti?) Wie willst du andere erkennen, sie erfahren, wenn du nicht

AUGEN UND OHREN AUFMACHST,
UND WENN ES SEIN MUSS,
AUCH MAL DIE KLAPPE?

Mit Reden meine ich natürlich nicht die endlosen, ausschweifenden Reden eines Vorgesetzten, der nicht auf den Punkt kommt, weil er im Grunde nur seine Macht demonstrieren will, oder das inhaltslose Geplapper eines Plauderers, der dahinter seine Gefühle versteckt. Reden ist Ausdruck deiner Persönlichkeit, Ausdruck deines Seins, das sich dadurch begrifflich macht – Reden ist Selbst-Erfahrung!

Wie willst du was von dir erzählen, wenn du dich dabei übergehst? Erst durch das Reden, indem du dein Sein artikulierst, über deine Gefühle sprichst, deine Schmerzen, Ängste und Frustrationen formulierst oder einfach herausbrüllst, indem du sagst, wer du bist und es auch zeigst, erst dadurch wirst du für dich und andere be-greifbar. Wenn du deine Worte und die zugehörigen Gefühle lebst, wenn du dem Stimme verleihst, was dich wirklich betrifft, wer du bist und was dich bewegt, dann ist es, wie Christus sagt: Das Wort ist Fleisch geworden.

Leider benutzen die meisten Menschen heute Worte, um Dinge zu verschweigen. Vielleicht aus der Angst heraus, Gefühle und Gedanken als ihnen selbst zugehörig eingestehen zu müssen, so daß diese in den Vordergrund treten könnten – da bleibt man schon lieber im Hintergrund, eine „graue Maus", die zwar nichts Faszinierendes an sich hat, aber auch nichts Konkretes! So suchen sich unsere verdrängten Bewußtseinsinhalte einen anderen Weg, um sich „Gehör" zu verschaffen: Wir werden cool oder zynisch, entwickeln Theorien von der Eigenverantwortlichkeit des einzelnen, nur damit wir uns nicht mit dem anderen auseinandersetzen müssen; wir werden Singles, damit uns andere nicht zu nahe kommen; wir schaffen eine Unmenge von Verordnungen, immer mehr Vorschriften und Regeln, um mühsam die „Form" zu wahren; wir bauen Atomkraftwerke, vielleicht in der unbewußten Hoffnung, daß der zu befürchtende gewaltige Knall auch den Knoten in uns endlich aufsprengt!

Wir trauen unseren eigenen Gefühlen nicht mehr, wie sollen wir da anderen über den Weg trauen? Die meisten

Menschen klagen über die Langeweile, das Unpersönliche in dieser industrialisierten Welt – das Leben ist langweilig, wenn es nicht um dich geht! Wenn du ständig über Sachen redest, die dich nicht wirklich berühren und die dich im Grunde kalt lassen. Wenn du dich nicht selbst zum Ausdruck bringen kannst, ist alles schal und leer. Artikuliere dich, bring dich ein – und alles wird plötzlich Farbe annehmen, lebendig sein! Und wenn die anderen erst einmal mitkriegen, daß da einer vor ihnen steht, der es wagt, sich zu offenbaren, echt zu sein, der das ausspricht, was sie selbst ahnen, fühlen und erfahren, dann werden auch sie plötzlich munter; vielleicht warten sie nur, bis einer den ersten Schritt wagt? Oder sie haben dieses Buch noch nicht gelesen! Kann auch sein, daß sie sich schleunigst aus dem Staube machen, weil sie glauben, ihr Innerstes hätte plötzlich Gestalt angenommen ... um die braucht es dir nicht leid zu tun, auf denen brauchst du nicht auch noch herumzuhacken, die sind schon bestraft genug!

Erwachsen werden heißt nicht, trotzig den Mund zu halten und auf nichts mehr zu reagieren, seine persönliche Entwicklung einfach einzustellen und so zu tun, als sei man schon fertig damit. Die Welt ist voll von Menschen, die so tun, als wären sie erwachsen – und hätten alles im Griff. Aber deine Negativität verschwindet nicht einfach, indem du beschließt, ein guter Mensch zu werden, schon gar nicht, wenn du sie verdrängst, runterschluckst und so tust, als wäre sie nicht da. Du wirst nicht besser, nur leiser ...

Wenn du dir deinen Egoismus, deine Unfähigkeit zu lieben oder geliebt zu werden, nicht eingestehst, dann stört es dich vielleicht bei anderen, daß sie sich in den Mittelpunkt stellen.

Kann gut sein, daß du als Kind gezwungen wurdest, andere Menschen zu schonen; aber damals warst du klein und schwach, heute bist du erwachsen.

Spar dir dein Mitleid! Meistens ist es nicht Mitleid, was den anderen weiterbringt; was ihm wirklich hilft, ist eher Offenheit. Zeig Mitgefühl, wenn du jemandem begegnest, der es wirklich braucht! Doch wenn du nur jemanden in seiner Negativität bestätigst, schadest du ihm im Grunde mehr, als du ihm nützt. Wenn du einmal in eine Situation gerätst, in der du dich entscheiden mußt zwischen Selbstverwirklichung auf der einen Seite und geheucheltem Mitleid auf der anderen – entscheide dich für das erste. Du bist nicht hier, um der Erlöser der Welt zu sein ... Da war schon mal einer, der hat auch den kürzeren gezogen. Nicht jeder besitzt die umfassende Hilfsbereitschaft einer Mutter Theresa! Sag nur dann etwas Positives, wenn es vom Grunde deiner Seele kommt. Gib nur soviel, wie du wirklich geben kannst, und wenn jemand dir weismachen will, du seist hartherzig: Ein hartes Herz bekommen Menschen, die ständig über ihre „Kapazität" hinaus geben *müssen*. Wenn jemand mehr haben will, als du geben kannst, habt ihr am Ende beide nichts. Spar dir dein schlechtes Gewissen. Mitleid kann auch ein Trick sein, damit du die Verantwortung für deine wirklichen Gefühle nicht übernehmen mußt.

Spielst du gerne den Richter? Erkennst du sofort die Fehler der anderen und hast dann einen guten Grund, vorsichtig zu sein? Orientierst du dich an einem Bruchteil, einer Eigenart und redest dir dabei ein, es wäre der ganze Mensch? Es sind nicht die Umstände oder die anderen Menschen, die uns Ärger bereiten, es ist das Urteil, das wir über sie gefällt haben. Was immer wir erleben, es ist unser eigener Geisteszustand, den wir nach außen projizieren!

Oder bist du einer von denen, die ihre Umwelt damit nerven, daß sie so tun, als wüßten sie über alles Bescheid – bloß damit keiner merkt, daß sie von nichts eine Ahnung haben?

Deine Wahrnehmung der äußeren Welt ist nur ein Spiegel deiner inneren Welt. Wenn dir Rambo aus dem Spiegel entgegenschaut – was nützt es dir, den Spiegel zu zerschlagen? Was du bei anderen verurteilst, ist in dir – bist du selbst. Kümmere dich weniger um die negativen Aspekte bei anderen, lieber mehr um die positiven bei dir selbst. Wer sich permanent mit Neurotikern herumschlägt, ist meistens selbst einer!

Andere nicht zu verurteilen ist ein Weg, Angst zu verlieren und Vertrauen zu gewinnen. Versuche bloß einmal zu spüren, wie du dich fühlst, wenn dich jemand kritisiert. Jede Kritik hat etwas damit zu tun, die Dinge nicht so sein lassen zu können, wie sie sind; daher haben Kritiker oft eher ein Problem mit sich selbst als mit dem Gegenstand ihrer Kritik. Wir alle brauchen einen Freiraum zum Wachsen, zur persönlichen Entwicklung, und den schaffen wir uns wohl kaum dadurch, daß wir uns gegenseitig ständig unsere Fehler vorwerfen. Viele, die es „gut" mit dir meinen, denken dabei eher an sich selbst.

Wann immer du einen anderen für schuldig hältst, verstärkst du damit im Grunde dein eigenes Gefühl von Wertlosigkeit und Schuld. Dasselbe ist es, wenn du dich dauernd schuldig fühlst für das, was du tust. Fühlst du dich womöglich schuldig, weil du dich schuldig fühlst?

Schuld ist eine vom Menschen erfundene Emotion – sie verlängert den Schmerz! Tiere kennen sie nicht. Der Köter von nebenan macht dir seinen Haufen vor die Füße und denkt sich nichts dabei. Schuldgefühle? Keine Spur! Der wundert sich höchstens, warum du so aufgebracht bist. Schuld – was ist die Instanz auf dieser Welt, die darüber entscheidet? Wir wissen nicht, woher wir kommen und wohin wir gehen – aber wir haben die Unverfrorenheit, so zu tun, als wüßten wir, was gut oder schlecht ist. Du tust niemandem einen Gefallen, wenn du dich für irgendetwas schuldig fühlst – schon gar nicht deinen Eltern, die wieder einmal als Alibi für dein schlechtes Gewissen herhalten müssen. Und jeder kann es dir vom Gesicht ablesen.

Mit unseren Vorstellungen und Gefühlen formen wir auch unseren Körper! So bedingen sich oft Körpersprache und Verhalten. Und Menschen reagieren halt auf das, was du ihnen anbietest – zum Glück, denn so erfährst du wenigstens, wie du durch die Gegend läufst.

Vielleicht mögen die Leute dich auch, aber um das zu erfahren, mußt du deine Vermutung erst einmal hinterfragen. Solange du nämlich nur *denkst*, wie es sein könnte, bist du nicht in Kontakt mit der Wirklichkeit, sondern nur mit deinen Gedanken über die Wirklichkeit. Diese unbestimmten Ahnungen, Andeutungen und Gesten, die du so verheißungsvoll interpretierst, dieses unergründliche Spiel mit den Augen. Diese aufregenden Spekulationen: ob, oder ob nicht? Werd wieder locker, der andere schaut nämlich auch nur so komisch, weil du so komisch schaust. Der hat ebenfalls nicht die geringste Ahnung, was mit dir los ist, oder woran er mit dir ist. Mach diesem ganzen Schwachsinn ein Ende. Zeig du wenigstens Klarheit: Frag halt! Du wirst dich wundern, wie schief du oft liegst . . .

Wirst du jetzt wütend über deine Hemmschwelle, obwohl du sie selbst kultivierst wie eine exotische Pflanze? Keine Bange, die Welt ist voll von Möchtegern-Botanikern wie dir! Jede Entscheidung ist ein Risiko! Also gehen wir einen Schritt vor, einen zurück, so als wäre das Leben eine Art Tanzschule. Dabei geschieht doch meistens etwas ganz anderes, als wir gedacht haben. Ist deine Unentschlossenheit vielleicht nur ein Trick von dir? Täuschst du sie vielleicht nur vor, während du in Wirklichkeit einfach Angst hast? Angst vor den möglichen Konsequenzen, wenn du den eingeschlagenen Weg zu Ende gehen würdest?

Bist du wütend über deine eigene Unaufrichtigkeit, weil du ein Leben der Lüge führst und annimmst, es seien die anderen, die dich dazu zwingen? Hast du deine Liebe zum Leben durch den Verstand ersetzt, verstehst alles und mußt dir nun eingestehen, daß du nichts mehr begreifst? Hat dein Verstand über deine Gefühle gesiegt? Wo bleibt der Triumph?

Es ist das Denken, das uns von allem trennt. Besonders unsere negativen Gedanken bauen unüberwindliche Barrieren. *Verstehen* ist nur der Trostpreis im Leben.

Wer seine Gefühle unterdrückt, unterdrückt seine Lebendigkeit und seine Freude. Wenn du nicht fühlst, mußt du den Sinn des Daseins woanders suchen – bloß: wo?

Eine aggressive Haltung anderen gegenüber weist meist auf fehlende Selbstliebe hin. Wie viele Menschen sind einfach nicht in der Lage, Worte und Sätze wie: „Ich bin liebenswert", die für ihre persönliche Selbstachtung von grundlegender Bedeutung sein sollten, über die Lippen zu bringen. Peinlichkeit, Trauer und Wut können die Folge sein. Streicheleinheiten und Komplimente sind das Salz in der Suppe unseres Lebens – und die wenigsten können sie vorbehaltlos annehmen. Frei nach dem Motto: „Einem Club, der mich aufnähme, würde ich nicht beitreten – der wäre mir nicht vornehm genug!"

Hier läßt sich auch erkennen, welche Kraft hinter einer solchen Abwehr steckt, und wie sich diese wie ein roter Faden durch unser Leben zieht.

Laß die Spule endlich sausen! Du bist es selbst, der über den Wert deiner Gedanken entscheidet. Du glaubst mir nicht? – Bin *ich* es etwa?

Vielleicht liebst du dich wirklich nicht genug und bist im Grunde wütend darüber, wie sträflich du mit dir umgehst? Glaubst du, daß du nichts wert bist, weil man dich ständig getadelt, kritisiert und verspottet hat? Und du hast dir dieses enge „Korsett" auch noch angezogen.

Vielleicht haben dir deine Eltern eingeredet, daß du der Grund für ihre Verdrossenheit warst? Du bist kein guter oder schlechter Grund, für nichts und niemanden. All das sind nur die Stimmungen anderer – mach sie dir nicht zu eigen. Es ist einzig und allein ihr Problem, was sie von dir halten, nicht deines. In Amerika hält man Ecken und Kanten einer Persönlichkeit für den Ausdruck von Individualität, in Europa dagegen werden sie eher als Nachteil angesehen. Du kannst dich nicht permanent verdrehen, nur um anderen nicht irgendwelche Gründe zu liefern. Du bist in Ordnung, und die sind es nicht, die was anderes von dir behaupten. Du mußt an dich glauben, sonst tut es vielleicht keiner. Wenn du es nicht bist, der sich selbst lieb hat, kein anderer kann diese heikle Aufgabe für dich übernehmen. Und wenn du noch so viele Verrenkungen machst: alle kannst du nie zufriedenstellen. Das ist auch nicht deine Aufgabe in dieser Welt! Die meiste Zeit bist du mit dir zusammen, nur ihr beide, 24 Stunden am Tag. Sieh lieber zu, daß du dich zufriedenstellst!

Geh großzügig mit dir um! Deine Mutter sitzt dir nicht mehr im Nacken. Unternimm jeden Tag etwas, das dich aufwertet. Du wirst dich lieben lernen, weil keiner so nett zu dir ist wie du. Sag dir, daß du tüchtig, tolerant und liebenswert, daß du völlig in Ordnung bist – du bist es tatsächlich! Sag, was dich stört; sag, was du willst; sag, was dir durch den Kopf geht. Geh sorgfältig mit deinem Körper um, ohne ihn bist du nur noch die Hälfte wert! Richte deine Aufmerksamkeit mehr auf die guten Seiten in dir. Laß deine Anlagen und Talente nicht verkümmern, sie sind ein Geschenk, das dir, nicht einem anderen, gemacht wurde, damit du dich daran erfreuen kannst. Gib deinem Bedürfnis nach Zärtlichkeit viel mehr Raum: Nimm sie an, wie sie dir angeboten wird. Hol sie dir, bei jeder Gelegenheit, die du hast. Sei ein bißchen heiter, das hier ist deine Party! Selbstbewußtsein kriegst du nicht, indem du abwartest, bis es eintrifft, sondern indem du selbstbewußt *bist*. Je klarer du deine Wünsche äußerst, um so klarer werden sie ankommen. Je deutlicher du ihnen Ausdruck verleihst, desto größer die Chance, daß Mißverständnisse und Widersprüchlichkeiten vermieden werden.

Niemand kann dein Leben für dich leben; ich kann dir höchstens sagen, was ich an deiner Stelle tun würde – aber machen mußt du es schon selbst. Leider? Gott sei Dank? Wer wagt, gewinnt, und auch wenn er einmal nicht gewinnt, so ist doch die Chance zu gewinnen exakt doppelt so groß. Hast du dieses Buch nicht gekauft, weil du es satt hast, ständig zu verlieren? Warte nicht auf den richtigen Augenblick: Dieser Moment ist jetzt! Du bist der Mittelpunkt deiner Welt, wenn nicht du – wer dann?

Du bist es, der sich Sorgen macht, und nur du kannst es auch lassen. Da ist nichts in dir, was dich verletzen kann. Nur die Angst vor unseren Gefühlen hält uns gefangen. Akzeptiere dich, und andere werden dich auch akzeptieren. Sei einverstanden mit dem, was du im Moment eben noch bist, sag Ja zu dem, was du warst, sei offen und empfänglich für das, was du sein wirst! Hör nicht ständig auf deinen inneren Wachhund – sein alleiniger Besitzer bist du! Öffne die Tür deines Gefängnisses, das du selbst bewachst ...

Hör auf, mit Zorn, Aggression und Wut gegen deine eigenen Gefühle vorzugehen wie ein Scharfrichter – du bist es selbst, den du da hinrichtest. Hör auf mit diesem ewigen Ringelspiel, bei dem dir höchstens schlecht wird. Jeder Mensch ist positiv und hat tief in sich einen Platz, wo nichts verlorengeht, was ihn auf seinem Weg weiterbringen kann. Auch, wenn er sich dessen nicht immer bewußt ist.

Mach mal eine Inventur all deiner Pluspunkte und positiven Eigenschaften, die du nur allzuoft vergißt: dein Einfühlungsvermögen, dein Lachen, deine Klarheit, dein Körper, dein Geist, dein Charme, dein Witz, deine schönen Augen, dein guter Geschmack, deine Offenheit ... Möchtest du wirklich mit jemandem tauschen?

Schmerz

Unsere Angst resultiert aus der Erinnerung an oder aus der Furcht vor Schmerz, der eine Folge unserer seelischen und körperlichen Verletzungen ist. So ist es das Denken, das die Angst und den Schmerz erzeugt. Immer wieder holen wir diese Erinnerungen in die Gegenwart, ganz so, als genüge es nicht, wieviel wir schon ertragen mußten und erlitten haben!

Manche unserer frühen Erfahrungen waren so verhängnisvoll, daß der einzige Ausweg, der sie uns erträglich zu machen schien, der war, daß wir uns „in den Kopf" flüchteten; wir flüchteten ins Denken und spalteten uns ab. Und da die darunterliegenden Gefühle so schmerzhaft waren, sehen auch unsere Gedanken ähnlich aus: überwiegend negativ!

Wir haben diese Gefühle zu Bildern ausgeschmückt und ihnen zu allem Überfluß auch noch Namen gegeben! Auch wenn sie noch so unproduktiv und schmerzhaft sind: lieber ein schlimmes Bild oder negative Gedanken als – gar nichts. Neurotiker sind Menschen, die ihre Gedanken an Leid, Krankheit und Entbehrung hegen und pflegen und sie dadurch immer weiter festigen. Neurose bedeutet Sicherheit, „Identität", Aufrechterhaltung des Gewohnten, Kultivierung der Routine, Schutz vor den Unwägbarkeiten des Lebens, leider aber auch vor der Fülle des Daseins, vor unserer Lebendigkeit, Offenheit und Klarheit, unserem Wohlwollen – und Interesse! So wundern sich viele Menschen über die Eintönigkeit ihres Lebens, wo alles in strengen, langweiligen Bahnen verläuft, ohne zu erkennen, daß sie selbst es sind, die – aus der

Angst heraus, verletzt zu werden – mit ihren verinnerlichten, starren Reglements jede Lebendigkeit unterdrücken!

RISIKO KENNT KEINE GARANTIE!

Willst du die Wirklichkeit erfahren, wie sie ist, oder nur einen billigen Abklatsch davon? Dutzende von Theorien sind so entstanden, und doch haben diese ganzen Ideen über das Leben nichts mit dem wirklichen Erleben zu tun, diesem Konglomerat aus Erfahrungen, die alle hinter der Sprache und ihren Begrifflichkeiten ablaufen. Was ist eine Blume? Erkläre es mir ohne die üblichen Umschreibungen – du vermagst es nicht. Was du mir geben kannst, sind nur leere Worte. Doch überreiche sie mir, schweigend, und ich werde sie mit den Augen streicheln, riechen, betasten – und im Unermeßlichen hinter den Worten werden wir uns begegnen und begreifen, was eine Blume ist, was Leben ist.

Jemand, der zufällig vorbeikommt, wird vielleicht denken: Da stehen sich zwei Menschen gegenüber, und der eine hält eine gelbe Blume in der Hand. Sie mögen um die 35 Jahre alt sein, der eine trägt ein Sakko, der andere eine dunkle Weste. Und während er das denkt, wird er nicht in Verbindung mit dem stehen, was wirklich geschieht, er macht sich nur einen Reim auf die Wirklichkeit ... Wir werden uns begegnen, wo Leben einfach geschieht; wir werden ahnen, daß der Stoff, aus dem alles besteht, der Zustand, in dem alles geschieht, der Ort, wo alles stattfindet, die Quelle, das Sein, die Schöpfung absolut positiv sind. Nur dieser Moment existiert. Es sind die Gedanken, die uns von allem trennen.

Eine der schmerzhaftesten Erfahrungen, die viele Menschen in ihrem Leben durchmachen, ist die Geburt. Das Neugeborene ist nicht jenes gefühllose Protoplasmaklümpchen, für das viele es halten. Dieser Irrglaube kommt aus einer Welt der Ideen, in der Gefühle kaum noch eine Bedeutung haben. Tatsächlich fühlt das Neugeborene stärker, als es jemals wieder fühlen wird. Es ist in einem extrem empfänglichen Zustand und dabei offener und verwundbarer als es je wieder sein wird.

Für viele von uns war die Geburt ein Kampf auf Leben und Tod, ein traumatisches Erlebnis mit Sauerstoffmangel und unbeschreiblichem Entsetzen. Womöglich wurde Fruchtwasser in die Lunge gedrückt und drohte uns zu ersticken, oder die Nabelschnur wickelte sich um den Hals. Schmerzliches Zusammengequetschtwerden, totale Hilflosigkeit, Streß, Todesangst, grobe Hände, kalte Geburtszangen, gleißendes Licht über Metalltischen, rauhe Handtücher und Kälte sind unsere ersten Eindrücke von der Welt. Herzlich willkommen!

Die Geburt ist ein emotionaler Lernprozeß, bei dem das Kind „lernt", daß es gegen übermächtige Dinge hilflos ist, machtlos etwas zu ändern, oder daß das Leben ein Kampf ist. Diese ersten Erfahrungen können in hohem Maße dafür ausschlaggebend sein, zu welcher Persönlichkeit wir uns von nun an entwickeln.

Hier ein paar Beispiele, wie sich die ganz persönlichen Eindrücke während oder um die Geburt herum im Laufe der Zeit zu verallgemeinerten Ideen „über das Leben" entwickeln und dann einfach mehr oder weniger fixierte „Weltanschauungen" widerspiegeln:

– Stundenlange Wehen:
Das Leben ist Kampf; wer gut ist, muß hart sein; zuerst die Arbeit, dann das Vergnügen; Liebe muß man sich verdienen; sei besser als die anderen; ein Mann weint nicht; lieber abstreiten als draufzahlen; jeder ist auf sich allein gestellt.

– Heftige Bewegungen lösten den Geburtsvorgang aus:
Sei vorsichtig bei allem, was du unternimmst; immer wenn ich spontan bin, werde ich verletzt; wer dumm fragt, kriegt dumme Antworten; riskiere lieber nichts, es könnte Konsequenzen haben; keinem trauen, anderen zuvorkommen – einer von denen, die harmonische Situationen manchmal mutwillig, manchmal, ohne es selbst zu wollen, plötzlich zerstören.

– Narkotisierung (die Anstrengungen des Kindes waren erfolglos):
Mir ist alles zuviel; ich schaffe es nicht; man bekommt doch nie, was man haben möchte; helft mir doch; sei lieb und lerne warten; bescheide dich mit dem, was du hast; wozu was tun? Wer immer nur fordert, geht am Schluß leer aus.

– Das Kind war nicht „bereit“:
Laßt mich doch alle in Ruhe; Trotz; ich will nicht (raus); haut bloß ab; alles soll bleiben, wie es ist; du erwischst mich nicht; laß die anderen ruhig reden; ich will nicht reden, lachen, lebendig sein.

– Unerwünschtes Kind:
Bloß nicht unangenehm auffallen; still, brav, phlegmatisch; wenn ich nur lange genug warte, wird sich das Problem von selbst lösen; melancholisch; laß mich, ich muß nachdenken; keiner liebt mich, wenn ich so bin, wie ich bin; wozu das alles? Wer bin ich? Ich muß mich mehr anstrengen; man kriegt nichts geschenkt; Liebe und Zuneigung muß man sich verdienen.

Das sind nur ein paar Beispiele unter vielen verschiedenen Möglichkeiten – es gibt so viele Geburten, wie es Menschen gibt!

Im allgemeinen sind wir uns der Auswirkungen, die das Geburtserlebnis auf unser Leben hat, gar nicht bewußt. Viele unserer späteren Einstellungen, Abwehrhaltungen, Verallgemeinerungen und Ideen stellen nur den unbewußten Versuch dar, die Auswirkungen des Geburtstraumas auf der „Erwachsenenebene" aufzulösen. Weil wir den Ursprung unserer inneren Spannungen nicht kennen, versprühen wir sie mehr oder weniger wahllos auf unsere Umgebung, und zwar bei jeder Gelegenheit, die auch nur den Hauch einer Chance zu bieten scheint, daß wir uns danach ein wenig besser fühlen. Auch ergibt die Art der Trennung von der Mutter nach der Geburt das zukünftige Muster für spätere Begegnungsoffenheit, Berührungsfähigkeit, ja selbst für unsere Sexualität.

Die meisten von uns haben aber nicht die leiseste Ahnung, daß sie so handeln. Wenn ich nur will, kann ich für alles, selbst für die verrücktesten Handlungen oder Ansichten, einen „plausiblen" Grund finden – es gibt nichts Einfallsreicheres als einen Menschen auf der Suche nach einer Ausrede. Und meistens rücken wir die Dinge im nachhinein so zurecht, wie sie uns passen.

Die intensiven Erfahrungen, die das Neugeborene während der Geburt macht, bleiben als „Input“ im System bestehen und spiegeln sich je nach Intensität später in bestimmten Persönlichkeitsmerkmalen wider. Sie formen den ohnmächtigen Verlierer: „Ich schaffe es sowieso nie!“ oder den Kämpfer mit der Idee im Hinterkopf: „Wenn man sich nur richtig anstrengt, kommt man weiter!“ Diese Tendenzen liegen nunmehr dem Verhalten zugrunde, und nach dem Prinzip „Gleiches zieht Gleiches an“ dienen auch spätere Erfahrungen in der Kindheit und Jugend dazu, diese Einstellungen zu verstärken. So können im späteren Leben viele zufällige oder selbstverschuldete Situationen mit ähnlichen Erfahrungen nachfolgen, eine fortwährende Wiedererschaffung und Verstärkung der ursprünglichen Grunderfahrung. Und ähnlich einer „self-fullfilling prophecy“ sind es weniger die Verhältnisse als diese Grundeinstellung, welche die Persönlichkeit prägen. Unser Verhalten wird unweigerlich in der Umwelt Reaktionen auslösen, und das „Feedback“ wird sich wieder auf unser Verhalten niederschlagen. Es trifft immer in dieselbe Kerbe! Und wie durch Zufall treffen sich Menschen mit ähnlichen „Programmen“ und bestärken sich auch noch gegenseitig in ihren Eigenschaften.

Solche frühen Erfahrungen und die daraus resultierenden Überzeugungen und Einstellungen machen einen großen Teil unserer Identität aus, wie wir uns selbst und die Welt sehen, erleben und selektiv auslegen. Diese eingefleischten Überzeugungen loszulassen erzeugt oft eine ungeheure Angst: Angst vor dem Unbekannten, als stünde man vor einem bodenlosen Abgrund, der einen erschaudern läßt! Doch warum soll man vor etwas Angst haben, das man gar nicht kennt? Es ist immer nur die alte Angst, alles Vertraute zu verlieren.

So können auch unerklärliche Schuldgefühle aus derselben Quelle stammen: Da geschieht auf einmal etwas, ganz plötzlich, wie aus heiterem Himmel, trifft dich ohne erkennbaren Grund. Und tatsächlich gibt es ja keinen konkreten Grund dafür, warum du unter solchen Schmerzen geboren wurdest. Später, wenn die rationale Ebene entwickelt ist, kannst du dich oft fragen: Was ist mit mir geschehen, was habe ich verbrochen? – ohne daß du den Grund dafür findest, denn er stand am Anfang deines Lebens und ist irgendwie un-faßbar. Deine Schuldgefühle und das Konstruieren einer dazu „passenden" Logik haben keinen konkreten Namen.

So bringst du dich vielleicht unbewußt in Situationen, in denen du dich schuldig fühlen kannst, und das nur deshalb, damit du in Einklang mit deiner inneren Situation bist, die du außen rekonstruieren mußt; vielleicht startest du selbstverletzende Aktionen auch in dem Versuch, eine Erklärung, einen Zusammenhang zu finden? Minderwertigkeitsgefühle, unrealistisches oder zwanghaftes Verhalten können die Folge davon sein.

Setzt du womöglich mit deinen Handlungen heute die Saat für später? Vielleicht ahnst du, daß jedes Sich-selbst-Schaden Konsequenzen hat, daß das Ringen zwischen Gut und Böse ein ständiges Bemühen ist? Ist jede Übertreibung, die du begehst, jedes Übermaß und jede Ignoranz ein „Flirt" mit deiner Negativität, und ist das

Böse tatsächlich „immer und überall“ – wie das Gute auch?

Jedes Ding hat zwei Seiten, und du kannst dich nur für eine entscheiden. Falls du es nicht tust: es könnte dir als Unterlassung angekreidet werden ... Vielleicht ist alles ganz einfach: Wir haben die Wahl der Entscheidung, nur wie wir uns entscheiden, das entscheiden wir. Was immer du tust, es wird stets das Gegenteil von dem sein, was du nicht tust.

So kannst du aus einem Fehler nicht wirklich lernen, denn die Beschäftigung mit ihm macht ihn nachträglich auch nicht ungeschehen. Vielleicht hält sie dich sogar davon ab, es beim nächstenmal besser zu machen? Was geschehen ist, ist geschehen, was wirklich zählt, ist, was du heute machst!

Vertrauen und Mut sind die wichtigsten Voraussetzungen, wenn man sein Leben ändern will! Es gibt keine Sicherheit! Es sind unsere Gedanken, die uns eine illusionäre Sicherheit vorgaukeln. So ist Schmerz auch die Anstrengung, sich an negativen Bildern, Gedanken, Ideen und Symbolen festzuklammern. Laß deine alten, einengenden Einstellungen los, versuche es meinetwegen in kleinen Schritten – oder spring!

In jedem Kulturkreis gibt es eine Art „kollektives Bewußtsein“, das zumindest zu einem Teil aus einer Reihe ähnlicher Einstellungen besteht, die sich aus der vielfältigen Palette von Gefühlen und Empfindungen entwickelt haben. Erziehung, Schulbildung, Gebote, Verbote und die Medien tragen weiter dazu bei, daß unser aller Bewußtseinsstand eine starke Gleichförmigkeit aufweist. Weise gibt es nur selten, aber Grübler, Sucher und

Menschen, die langsam die Nase voll haben von all der negativen „Lebenspropaganda" hier, werden erfreulicherweise immer mehr. Und dieses neue Bewußtsein dringt unaufhaltsam in viele Bereiche des Lebens ein.

Wir möchten dem Schmerz und der Angst gerne entfliehen, aber wir begreifen nicht, daß wir dem Augenblick nicht entfliehen können. Wir erinnern uns wehmütig an die gute alte Zeit und vergessen dabei völlig, daß wir jetzt in der Zeit leben, die wir später als die gute alte Zeit bezeichnen werden – wenn wir sie jetzt dazu machen. Du allein bist dazu imstande. Statt der Schöpfung von morgens bis abends zu beweisen, welchen Schrott sie uns da vorsetzt, sei dankbar, daß du hier sein und alles miterleben darfst. Was bedeutet die schönste blühende Wiese, wenn du es nicht bist, der darübergeht? Alles, was du rings um dich erfährst – das alles ist nur für dich! Es gibt keine gute alte Zeit. In unseren sentimentalen Erinnerungen haben wir sie dazu gemacht. Es gibt keine schlechte Jugend, keine schlimme Zukunft und auch keine sinnlose Gegenwart, wenn wir sie nicht dazu machen.

Wir verbringen viel Zeit damit, über den Schmerz und die Angst nachzugrübeln, in der Hoffnung, Ursachen zu finden – als ob der Schmerz allein nicht schon ausreichen würde! Dieselben sinnlosen Reaktionen auf dieselben Reize – und um dem Ganzen zu entgehen, wollen wir uns mit Hilfe unserer Gedanken davonstehlen.

Wohin? – Es ist immer jetzt, du bist immer hier, auch in dem Moment, wo du diese Zeilen liest . . .

Was tun?

Was kannst du tun?
Was willst du tun?
Hast du nicht alles versucht?

Du kannst nichts tun, um deinem Schmerz zu entfliehen, du kannst deiner Angst nicht entkommen – wenn du Angst oder Schmerzen hast. Das ist alles, was ich dir anzubieten habe! Und falls du jetzt beleidigt bist oder wütend: da gibt es leider auch kein Entkommen! Mit Gedanken vermagst du das Problem nicht zu lösen und mit negativen schon gar nicht. Denken ist Spaltung, Widerstand, Abwehr, Nicht-haben-Wollen.

Es ändert nichts, wenn du deine Gefühle nicht haben willst – aber wolltest du nicht, daß sich was ändert? Du kannst deinen Gefühlen, Wünschen und Befürchtungen nicht entkommen, niemals, aber du kannst sie *erleben*. Und wenn du sie bewußt erlebst, wenn du sie in ihrer ganzen Tiefe erfährst, verlieren sie ihre Gewalt über dich! Alles, was wir uns nicht zu fühlen oder zu denken trauen, hat Macht über uns! Zorn, Traurigkeit, Eifersucht, Ohnmacht, Scham, Gier, Angst, Schmerz, Dummheit, Unsicherheit – erst die Abspaltung, unser Nicht-haben-Wollen macht sie zum Problem und bringt uns in Konflikte. Solange du ständig mit dem Nicht-haben-Wollen im Clinch liegst, wirst du dich im Kampf mit deinen Gefühlen befinden. Weil du nämlich genau die Gefühle hast, die du im Moment halt hast. Sich-Totstellen beinhaltet die Hoffnung, daß dich der Schmerz verschont. Leider bleibt dir damit auch vieles andere, was zu einem erfüllten Leben gehört, „erspart“: Freude, Liebe, Interesse und Neugier. Je lebendiger, je offener, je mutiger du bist, desto mehr kannst du wahrnehmen, um so mehr kannst du teilhaben am Reichtum der Welt.

SCHLIESSE FRIEDEN MIT DIR SELBST!

Und das heißt vor allem auch mit deinen eigenen Widersprüchen – so wirst du auch leichter die Widersprüchlichkeiten der anderen begreifen und tolerieren können. Vielleicht stören sie dich deshalb ganz besonders, weil sie deinen eigenen so ähnlich sind? Wirst du wütend auf deine Angst vor dem Erleben deines Schmerzes und produzierst aus dieser Abwehr heraus negative Bilder und Gedanken, die dich wie eine zweite Haut vor Verletzungen schützen sollen? Alles, was wirklich geschieht, ist, daß du eine Erfahrung machst, die absolut gültig ist, und du hängst Überzeugungen und Ideen daran, die überhaupt nicht dazugehören; bist auch noch clever genug, dir einzureden, daß sie „passen“.

Wie es ein Zen-Mönch nach einem Herzinfarkt formulierte: „Ich soll einen Herzinfarkt gehabt haben? – Die Ärzte hatten einen Herzinfarkt! Alles, was ich hatte, war eine Erfahrung.“

Genausogut könntest du deine Gedanken auch mit etwas Neutralem verbinden, und wer weiß, vielleicht sogar mit etwas Positivem? Ich will dich aber nun nicht gleich auf der Stelle bekehren; ein bißchen negativ darfst du vorläufig noch bleiben. Du warst so lange negativ, daß ein so plötzlicher Übergang womöglich wirklich zu abrupt wäre.

Gott hat dir alles gegeben, deine Höhen genauso wie deine Tiefen, aber es redet keiner davon, daß du permanent versumpfen sollst. Diese ganze unendliche, kosmische Pracht, die nur darauf wartet, daß wir endlich mal so richtig herzhaft zugreifen – die Verteilung dieser Schätze erfolgt noch immer täglich, zumeist am frühen Morgen, aber ziemlich genau dann, wenn du aufstehst: Wer ein konkretes Ziel hat und positive Gedanken will, die ihn weiterbringen – der soll zugreifen! Wer nicht weiß, was er will, voller Ängste und Mißtrauen ist, kriegt das zugeteilt: Gedanken des Zweifels und der Entbehrung. Und wer sich bis zu diesem Zeitpunkt noch für überhaupt nichts entschieden hat, der kriegt das, was noch übrigbleibt – das, was sonst keiner haben wollte ...

Wenn du eine Psychogruppe nach der anderen machst, um dich selbst zu finden, dann ist *das* dein Leben: Gruppen zu machen und dich permanent zu fragen, wer du bist. Verweigerst du dich – egal aus welchen Gründen auch immer –, liegt der Sinn deines Lebens scheinbar darin, dich zu verweigern. Aber beklage dich nicht!

Später wirst du vielleicht sagen: Ich hätte ja so gerne etwas unternommen, jene Dinge getan, erledigt und ausgekostet, die mich so brennend interessiert haben, aber ... Und dieses ABER ist dein Leben! Wenn du den ganzen Tag am Fließband sitzt und Knöpfe herstellst – *das* ist dein Leben, dahinter gibt es gar nichts. Weißt du nicht, was du tun sollst? Das ist dein Leben, dich dein ganzes Leben lang zu fragen, was du tun sollst! Und falls dir wirklich nichts Besseres einfällt, als Knöpfe zu fertigen: Es ist auch ein Unterschied, ob du sie lustlos oder mit Interesse machst. Wenn du lustlos bist, hast du lustlos gelebt, wenn du interessiert am Leben (und an den schönen Knöpfen) warst, bestand dein Leben aus Interesse. Es ist dein Desinteresse oder deine Begeisterung – und genau diese Dinge machen ein langweiliges oder interessantes Leben aus.

Der Sinn des Lebens, der Sinn deines Lebens, ist: du selbst sein. Was immer das im einzelnen auch sein mag, so wie es aussieht, reicht es aber heute nicht mehr aus, nur dazusitzen und Tee zu trinken, wie es den Buddhisten so vorschwebt. Da warten eine Menge Leute im Himalaja oder sonstwo darauf, daß ihr Selbst sich meldet, hocken stundenlang im Schneidersitz ... und kapieren nicht, daß genau das ihr Leben ist: hocken und warten! Dein Sein erfährst du noch am ehesten durch jenes Tun, das dich voll in Anspruch nimmt und dich selbst wirklich aufbaut. Im Tun wirst du dein Sein erfahren, deine Palette von Gefühlen, und je mehr du dich erfährst, je mehr du interessiert, engagiert und „angesprochen" bist, desto weniger wirst du an deinem Leben, deinem Selbst vorbeigehen und dich fragen müssen: Wer bin ich? Du selbst sein, heißt: Sachen machen, die dich wirklich interessieren! Wer bin ich? fragt einer, der an seinem Leben nicht wirklich beteiligt ist – ist diese Frage dann ein Wunder? Je mehr wir uns selbst verlieren, um so hartnäckiger und verzweifelter müssen wir uns suchen! Wenn du du selbst bist, hast du alles gefunden, was es zu finden gibt; wenn du halbherzig bist, dich aufgibst, deine innere Gewißheit verlierst, hast du alles verloren.

Ist es da ein Wunder, daß so viele Menschen heute in „andere Dimensionen" ausweichen? Wenn ich mich selbst verliere, das, was mich ausmacht: meine Fähigkeiten, Talente, persönlichen Stärken und meinen Optimismus, dann muß ich mich bei einem Guru suchen oder eine Reise nach Indien machen – vielleicht bin ich dort! Mich finde ich auch in esoterischen Büchern nicht – wie hätte ich da auch reinkommen sollen?

Merkst du langsam: Im Grunde kreierst du alles selbst. Du bist es, der entscheidet, wie sein Leben aussieht! Dein Phlegma, deine Angst – das bist auch du! Wer sonst? So wie du nicht in das Leben eines anderen eingreifen kannst (es ist immer der andere, der sich für seine Gefühle entscheidet), kann keiner in dein Leben eingreifen – keiner außer dir! Wenn du schon diese ungeheure Freiheit hast – weshalb nutzt du sie nicht?

Hast du womöglich Pickel und kannst deshalb nicht so, wie du eigentlich möchtest? Such schleunigst einen Hautarzt auf und laß sie dir wegmachen.

So hat jeder seine Ausreden, Entschuldigungen, Erklärungen und Rationalisierungen parat, warum er nicht tut, was er eigentlich tun möchte. Die Anarchisten fühlen sich vom Staat unterdrückt, die Frauen von den Männern – und es gibt Männer, die dasselbe von den Frauen behaupten; das Volk von den „Machthabern", die Bürger von den Politikern, die Arbeiter geben den Unternehmern die Schuld – weil sie sich ausbeuten lassen! Und unser Trostpreis, unsere Genugtuung besteht letztlich in dem kläglichen „Armutsbewußtsein", daß wir recht haben, und daß der andere die Schuld hat.

Die Jahre vergehen, wir spielen Lotto und hoffen, daß sich unser Leben „demnächst" ändern wird ... Wenn nicht du es änderst, wird alles so bleiben, wie es ist; wenn du keinen Sinn findest, wird dein Leben sinnlos bleiben. Wenn du weggehen willst, aber nicht weggehst; wenn du leben willst, aber dich totstellst; wenn du liebevoll sein willst, aber auf die Liebe wartest; wenn du viele Pläne hast, aber noch viel mehr Angst, sie zu realisieren ... Mit zwanzig nichts zu unternehmen, heißt mit dreißig als Disco-Opa an der Theke zu stehen! Mit dreißig nichts zu unternehmen ... glaubst du, mit vierzig wird es leichter? Tatsächlich wirst du es noch weniger tun, wenn du es bisher noch nicht getan hast – und Entschädigung gibt's auch keine. Wenn du mit vierzig nicht den Mut hast,

AUGEN UND OHREN AUFZUMACHEN,
UND WENN ES SEIN MUSS,
AUCH MAL DIE KLAPPE,

wirst du dich mit fünfzig trauen, was du dich bisher nicht getraut hast? Immerhin bist du mit fünfzig noch zehn Jahre jünger als mit sechzig, aber wenn du mit achtzig noch immer nichts gemacht hast, wird es langsam Zeit! Jetzt, am Krückstock, willst du deine jahrzehntelangen Pläne realisieren? Na, jedenfalls kannst du noch mehr machen, als wenn du erst einmal tot bist. Dann geht nämlich nichts mehr. Und spätestens im Jenseits wirst du klagen: Ach, hätte ich doch damals ...

Heute ist es exakt zehn Jahre früher als in zehn Jahren! Jetzt ist der Moment, die Zeit, die du später nicht mehr hast. Jetzt ist der Augenblick, den du später nie mehr wirst nutzen können! Morgen wird heute für immer vorbei sein – aber jetzt ist heute! Nur jetzt! Was immer du auch unternehmen wirst – ob du dich darüber ärgerst, was du versäumt hast, oder ob du dich einfach nur wunderst: Nie wieder wirst du später irgendetwas nachholen, unternehmen oder erledigen können, wie du es heute tun könntest. Dieses Jahr, dieser Tag, diese Stunde, dieser Augenblick – später hast du ihn unwiederbringlich verloren, verschenkt, vertan und versäumt. Nie wieder wird es diesen Augenblick geben, aber jetzt ist er da!

Hör auf zu warten, daß ein Wunder geschieht. Irgendwann wird der Spaß zu Ende sein, deine Zeit abgelaufen, dann wirst du traurig über deine Vergangenheit nachsinnen, über das, was du nicht getan hast, weil du es jetzt nicht tust!

Deine zukünftige Vergangenheit ist die Gegenwart, die du jetzt gestalten könntest ... Wenn du einfach Angst hast, etwas zu tun, wird das deine Erinnerung sein.

Dieses permanente „Auf-bessere-Zeiten-Warten": Die meisten Menschen begreifen einfach nicht oder haben „gute Gründe", nicht begreifen zu wollen, daß jedes Hoffen auf morgen wieder exakt einen Tag kostet! Ein Tag in deinem Leben, was ist schon ein Tag, gestern war auch einer, morgen wird auch einer sein, und übermorgen? Wirst du es bis dahin wissen? Jedes Hoffen ist ein Tun weniger! Jedes Tun kann ein Plus mehr sein, ein erfüllter Wunsch mehr, eine Situation mehr, wo mein Mut über die Angst den Sieg davontrug. Verlust kommt von Verlieren. Wenn du den Mut verlierst, wenn du die Beherztheit verlierst, das zu Ende zu führen, was du dir vornimmst, wenn du eine Sache nicht durchhältst – wer ist es, der das entscheidet? Je mehr du dich traust, das zu tun, was du wirklich willst, je mehr Risiko du eingehst, desto selbstverständlicher wird es dir vorkommen – immer weniger riskant, bis du vielleicht eines Tages glaubst, es sei ganz normal, daß du in deinem Leben auf deine Kosten kommst ...

Du bist es, der seinen Schmerz wahrnimmt, seine Angst – und seine Freude. Du bist es, der nörgelt oder lobt. Warum nörgelst du dann soviel, wenn dir Loben mehr einbringt? Es gibt keine „Umstände", die irgendetwas bewirken – du schaffst auch die Umstände. Wenn sie in deiner Wahrnehmung nicht auftauchen – wo sonst? So bist du das Opfer, wenn du angegriffen wirst; spielst du gerne das Opfer? Wenn nicht, warum entscheidest du dich dann für das Leiden? Wenn keiner außer dir entscheiden kann? Du bist das „Arschloch" oder der Freund, ganz wie's genehm ist. Du bist der Teufel, und der Engel bist du auch; du bist es, der vergibt oder haßt. Wozu dann soviel Haß in deinem Leben? Du allein entscheidest dich dafür, ob du ein Geizkragen sein willst oder ein nobler Gönner. Du entscheidest dich für Ja oder Nein. Und wenn dich wirklich jemand Nerven kostet – du entscheidest dich dafür, daß er dich Nerven kostet. Der andere wird sich nur freuen, wenn du ihm soviel Macht zusprichst.

Du bist es, der sich für Liebe oder Konflikt entscheidet ... Warum hältst du so verbissen an deinen Konflikten fest?

Keiner kann dir sagen, wie du zu leben hast, was du tun sollst. Ich auch nicht. Denn wenn du selbst nicht daran beteiligt bist, ist es keiner an deiner Stelle. Es gibt nichts und niemanden, der dir die Verantwortung abnimmt ...

Du bist es, der sein Gesicht verzieht, wenn du in eine Zitrone beißt! Du allein. Letzten Endes bestrafst du nur dich selbst, wenn du etwas tust oder unterläßt, um andere damit zu bestrafen. So sitzt deine Wut auf deinen Chef in d e i n e m Bauch, und die Angst, etwas falsch zu machen, schnürt deine Kehle zu. Alle deine sogenannten negativen Gedanken und Vorstellungen schaden dir am meisten! Wenn du trotzig bist, weil du deinen Eltern etwas nachträgst – sie merken es wahrscheinlich nicht einmal, aber der Trotz zieht sich durch dein Leben.

DEINE RACHE RÄCHT SICH AN DIR SELBST!

Was wir im Grunde alle suchen, ist Nähe, Zärtlichkeit, Vertrautheit; auch die Andersartigkeit des anderen kann uns faszinieren. Was wir meistens finden, sind unsere Gedanken über den anderen. Der Mensch, vor dem du so viel Angst hast, hat mindestens ebensoviel Angst vor dir. Die Schranke zwischen dir und den anderen Menschen liegt nicht zwischen euch – sie liegt in dir!

Du kannst dich totstellen, Alkohol trinken, Witze reißen und von morgen träumen. Aber morgen wird auch wieder ein Jetzt sein. Um ein erfülltes Leben zu führen, reicht es nicht zu hoffen, daß es morgen besser sein wird. Kann sein, muß nicht sein. Tatsache ist, je mehr ich in der Gegenwart erledige, um so weniger Angst brauche ich vor der Zukunft zu haben! Auch morgen wirst du an jeder Sache, an jedem Augenblick beteiligt sein. Bewußt sein heißt auch, seine Schmerzen und Ängste bewußt zu erleben, Risiken einzugehen, etwas zu tun! Das Bewußtsein erweitern heißt auch, Schmerzen und Ängste zuzulassen. Jedes Nicht-haben-Wollen bringt dir nur eine Wiederaufführung des alten Dramas. Du kannst dich nicht permanent totstellen und dich zugleich über deine „Entfremdung“ wundern. Der Sinn des Lebens ist das Erleben selbst; wenn du deine Gefühle nicht haben willst, nicht zuläßt, sie nicht erlebst – erlebst du gar nichts.

So kann im Grunde auch alles Therapie sein: Karriere kann Therapie sein genauso wie ein toller Wagen, Erfolg kann Therapie sein oder die Taschen voller Geld, Ansehen, Bewunderung, Wissen. Komm mir jetzt bloß nicht mit „Egoismus", sonst bleibt dir wirklich nur noch Edelmut.

Wenn mein Herz sich anfühlt wie eine vertrocknete Dattel, so ist letztlich alles nur ein Angriff auf dieses vergammelte Stück Obst! Selbst ein harmloses „Guten Tag".

Wie kannst du ein erfülltes, spannendes und reiches Leben führen, wenn du die Hälfte deiner Gefühle nicht haben willst? Dieser Augenblick, dein Schmerz, deine Angst und du – sind eins!

TU WAS!

Erst wenn du dich traust, über deine selbstgesetzten Grenzen hinauszugehen, über jenen Punkt hinweg, an dem du normalerweise Halt machst, erst wenn du etwas tust, kannst du wissen, ob es richtig oder falsch ist! Alles bis zu diesem Punkt ist Denken, graue Theorie, Zweifel, Hoffnung – nicht mehr! Denk an das, was du erreichen willst und nicht an das, was du verlieren könntest; denk nicht lange darüber nach, ob es gut ist oder schlecht, ob es dir vielleicht mehr schaden als nützen könnte – tu, was du tun möchtest; tu, was getan werden muß!

Haben dich deine Verschlossenheit, deine Zweifel, deine selbstauferlegten Beschränkungen jemals einen Schritt weitergebracht? Du wirst die Welt nicht ändern – aber vielleicht wirst du die Herzen der Menschen öffnen!

Wahrheit ist Klarheit, und Klarheit macht Angst – zumindest anfangs, wenn es für dich noch ungewohnt sein wird, auf deine innere Stimme nicht nur zu hören, sondern ihr auch wirklich zu folgen. Deine innere Weisheit ist deine einzige Richtschnur. Je mehr Raum du ihr gibst in deinem Leben, um so klarer wird dein Blick, um so sicherer dein Auftreten. Und je mehr dir gelingt, um so unumstößlicher deine Gewißheit, desto erfüllter und sinnvoller dein Leben. Eine Revision all deiner Ansichten kann notwendig werden, wenn du den Mut hast, deine Erfahrungen nicht mehr in Frage zu stellen und dich ihnen zu öffnen.

Ströme von Angst werden dich durchfluten, aber die Nachwehen sind großartig. Wenn du erst anfängst, deine Probleme jetzt zu lösen, wirst du die Menschen weniger hassen. Du wirst mit jedem Mal weniger Angst haben und mehr Mut entwickeln. Wenn du erstmal du selbst bist, brauchst du nicht mehr über andere reden, weil du mit ihnen reden kannst. Du brauchst nicht mehr unverschämt, „cool" oder kaltschnäuzig sein, weil du deine wirklichen Gefühle nicht mehr verbergen mußt.

Freude und Schmerz sind nur zwei verschiedene Seiten derselben Energie. Um das eine zu fühlen, mußt du auch fähig und willens sein, das andere zu empfinden. Das Fühlen von Schmerz und Angst setzt Freude frei, weil es deine Abwehr und deine Verdrängung vermindert. Den Schmerz, die Angst und die Einsamkeit zu fühlen, löst sie auf. Sie nicht zu fühlen, trägt dazu bei, daß wir sie als nur vage spürbare Spannung in uns herumtragen. Mit jedem Nicht-fühlen-Wollen wird die Last größer. Die Menschen halten ihre eigenen Gefühle wie Gefangene und sind so gezwungen, völlig verrückte Sachen zu machen, ohne zu wissen, warum. Wir liefern uns dauernd Scheingefechte, die nicht zu gewinnen sind. Wer am falschen Platz kämpft, kommt nie an sein Ziel. Du kannst esoterische Bücher lesen bis dir schwarz vor Augen wird, aber ob du damit deine Probleme lösen wirst, ist eine andere Frage. Du kannst dein Leben nicht woanders leben als dort, wo du dich gerade befindest.

Deine guten und deine „schlechten" Eigenschaften: Alles ist in dir angelegt, ebenso wie in mir oder in jedem anderen. Dein Neid, dein Haß, deine Egozentrik, deine Eifersucht genauso wie dein Selbstbewußtsein und deine Talente. Steh dazu! In jedem von uns steckt ein potentieller Mörder, ein Unmensch, ein Sadist – aber wozu sollte es gut sein, daß wir gerade diese „Fähigkeiten" besonders zur Schau stellen? Wo sie uns nichts einbringen und das Leben nur erschweren?

Deine Umwelt ist ein Spiegel, in dem sich dein Innerstes widerspiegelt – und sie zeigt dir auch, wie du damit umgehst. Du selbst sein, heißt innen und außen gleichzeitig; wer zieht da die Grenze?

Weint ein Kind, wirst du traurig; provoziert dich jemand, spürst du deine Aggression; haßt dich jemand, fühlst du dein Ungeliebtsein; verletzt man dich, ist es dein Schmerz, den du spürst; liebt dich jemand, ist es deine Liebesbereitschaft, die angesprochen wird. Du denkst, du kämpfst gegen andere, und kämpfst doch immer nur gegen dich selbst. Gib den Kampf auf, und du wirst gewinnen. Laß los, es wird dir nichts passieren, es kann dir nichts passieren – höchstens, daß du in einem ungünstigen Moment über die Erleuchtung stolperst.

Wer selbstbewußt und liebevoll ist, ist es deshalb, weil er es im Grunde schon immer war, zumindest war der Keim dazu schon angelegt. Du wirst nicht erfolgreich, optimistisch, klar und sicher werden – du bist es! Wie könntest du es je werden, wenn du es nicht schon immer warst?

Sei stark, voller Energie und Freude – du bist es schon, du weißt es nur noch nicht. Keiner zwingt dich dazu, nur deine sogenannten negativen Seiten zu kultivieren und zu hätscheln. Wer so einen überzeugenden Angsthasen abgibt wie du, der ist auch für etwas Besseres geschaffen: Sei ein Angsthase und selbstbewußt!

Du brauchst nicht das charmante Lächeln eines Schauspielers, die Würde eines Erzbischofs und die dicke Haut eines Elefanten zur Schau zu tragen. Du brauchst nichts Besonderes zu sein. Laß deine ganze Unechtheit, deine Rollen einfach fallen, dahinter verbirgt sich doch nur deine Angst, daß die anderen dich erkennen könnten, wie du wirklich bist.

Statt dir ständig darüber Gedanken zu machen, was du alles anders, „besser" hättest machen können, wenn ... Womöglich wäre es gar nicht anders gegangen als so, wie du es gemacht hast. Vielleicht ist alles okay, wie es ist, und das Problem sind deine Zweifel an der Gesetzmäßigkeit von allem, was geschieht und wie es geschieht, wenn es geschieht ... Leben ist immer lebensgefährlich! Sich-Totstellen ist keine Alternative. Niemand ist perfekt – oder sind wir es womöglich alle? Vielleicht waren alle deine sogenannten „Fehler" nur die Vorbereitung für deine künftigen Erfolge? Vielleicht ist alles, was geschehen ist, nur dazu da, daß wir unseren Weg klarer, sicherer und fröhlicher gehen? Probier mal, nicht „Ich mußte, ich war eben gezwungen" zu sagen, sondern „Ich durfte, mir wurde geschenkt" und „Ich bedanke mich bei allem und jedem, der mich unterstützt hat, das Ja in mir wiederzufinden, das so lange verschüttet war."

TU WAS – ES KÖNNTE DIE LÖSUNG SEIN!

Laß die Idee los, daß du all deine Probleme lösen mußt, und du hast ein Problem weniger. So heißt TUN loslassen – und zwar von Anfang an. Was tun? Was willst du tun? Wenn du das nicht tust, was du eigentlich tun möchtest, was bleibt dann noch übrig? Es gibt immer eine Möglichkeit – die, für die du dich entscheidest!

Zuerst solltest du dein „Ich weiß nicht, was ich tun soll" loslassen! Loslassen heißt, deine Vergangenheit abstreifen, jeden Moment neu erleben, ohne ihn ständig durch die getrübte Brille deiner Erfahrungen zu filtern. Wie man seine Vergangenheit losläßt? – Ich soll dir das sagen? Du sagst mir ja auch nicht, wie du sie festhältst!

Solange du dich anstrengst, sie loszulassen, wird es jedenfalls nicht klappen. Wenn du an der Idee hängst, loslassen zu müssen, bist du blind für die Realität. Oder hast du Angst vor dem Loslassen? Ist das der Grund für deine ständige Unruhe? Bist du noch nicht so weit? Laß die Idee los, daß du noch nicht so weit bist, und du wirst soweit sein ... Denk an den Alkoholiker, der an der Flasche hängt und so gezwungen ist, weiter zu trinken; den Eßsüchtigen, der sich am Kuchen festklammert, obwohl er genau weiß, daß jedes weitere Stück die Sache nur noch verschlimmert; oder nimm den Intellektuellen, der in jeder Diskussion das letzte Wort haben muß, weil er (sich!) an seiner Theorie festhält; den Raucher, der ständig beteuert, daß er nicht rauchen will und es trotzdem tut. Wenn du rauchst, rauchst du, selbst wenn du noch so glaubhaft beteuerst, daß du es nicht willst. Nicht rauchen wirst du dann, wenn du nicht rauchst.

Du selbst sein, ohne jede Theorie, ohne vorgefaßte Meinungen, frei von jedem Dogma, kann ungeheuer Angst machen. Aber vergiß nicht die positive Seite der Angst: sie macht aktiv, beflügelt den Geist, kann mutig, stark und neugierig machen. Warum siehst du nicht auch mal diesen Aspekt – etwa weil du dich krampfhaft an der negativen Seite festhältst?

Wenn du erstmal anfängst, lebendig zu sein, wird dieses ganze, bisher unbewußte Material in Bewegung geraten. Das ist der Grund, warum wir uns alle so zurücknehmen, warum Menschen nicht um ihr Recht kämpfen, warum wir selbst über die unbegreiflichsten Grausamkeiten hinwegsehen! Hinter all unserer Leblosigkeit steckt unser Ich, das ganze biographische Material, und wir halten still in der Angst, sie könnten unser ganzes Bewußtsein überschwemmen.

Wenn du mit der gängigen Meinung nicht immer konform gehst, wenn du offen bist für die Schönheit dieser Welt, aber auch wenn du dich nicht permanent gegenüber dem Chaos blind stellst und Harmonie vortäuschst, um die Realität zu verschleiern, dann – in ganz seltenen Momenten, wenn wir aufgehört haben, uns abzustrampeln, wenn jeder Kampf, jedes Ändern-Wollen in uns zur Ruhe kommt – wirst du erahnen, was es heißt, einfach zu SEIN.

Und wenn du etwas einfach nicht begreifen kannst, wer sagt dir, daß du alles begreifen mußt? Wenn du dich mit einem anderen nicht mehr einigen kannst, verläßt er dich – im Grunde deines Herzens –, und du mußt ihn lassen. Dann bist du du selbst, und das heißt letztlich, du wirst mit der größten aller Ängste konfrontiert – dem existentiellen Alleinsein. Ich bin allein, war es immer, werde es immer sein. Was ich tun kann, ist, für kurze Momente meine Einsamkeit mit anderen zu teilen und so vielleicht zu vergessen. Nur in der Liebe habe ich die Möglichkeit, mit dem Du zu verschmelzen. Liebe ist der einzige Weg! Aber auch nur, wenn ich die Angst vor der Liebe loslasse ...

Vielleicht ist das Leben ein Geheimnis, dem du nur auf die Spur kommst, indem du es in seiner ganzen Tiefe erfährst? In der Liebe gibt es keine Vornehmheit, das zerstört sie; für das Leben gibt es keine Alternative: man muß sich ihm öffnen.

Wenn du den Mut hast, dich zu öffnen, wirst du das Leben neu erfahren – neue Freude und neuen Schmerz. Leider gibt es für nichts eine Garantie im Leben, dabei hätten es die Menschen so gerne einfacher: Freude ohne Leid, volle Leistung ohne persönliches Engagement, Genuß ohne Reue, Leben ohne Konflikte ... Und weil alles so ganz und gar unsicher ist, machen sie lieber gar nichts! Warten auf den „richtigen“ Moment, der nie kommt, weil es nur diesen Moment gibt und dich, der ihn nutzt oder verstreichen läßt.

Wie lange willst du noch warten?

Dem Leben ist es egal, wie du dich totstellst ...
Dein Leben bist Du!

Ein Buch,
das ich nicht scheue
an die Seite von
„Der kleine Prinz",
„Momo" und
„Die Möwe Jonathan"
zu stellen.

(Achim Wannicke, Lehrbeauftragter für Soziologie an der FU Berlin, in der Zeitschrift „zitty")

Heinz Körner

JOHANNES

Erzählung

lucy körner verlag

Ein brutal ehrliches Buch über eine mystische Begegnung, eine Befreiung und die Entdeckung innerer Wahrheit. Ein beinahe therapeutischer Anstoß zum Ausweg aus dem Sumpf! Ein Buch, das seine Leser herausfordert!

104 Seiten 12,– DM

Ein spannendes und provozierendes Lesebuch: Die Liebe ist ein Kind der Freiheit!

Ernest Borneman
Heinz Körner Edit Lankor
Arno Plack Adalbert Schmidt

Eifer sucht

Ein Lesebuch für Erwachsene

lucy körner verlag

128 Seiten 16,– DM

Eine längst fällige Antwort auf die Frauenbewegung!

Ernest Borneman
Heinz Körner Roland Kübler
Erich Rauschenbach Adalbert Schmidt

Männer trauma

Ein Lesebuch für Erwachsene

lucy körner verlag

136 Seiten 16,– DM

Ich weigere mich, weiterhin gebrauchsfertig, verfügbar und pflegeleicht zu sein.

Veronika Horch

Von wegen Schicksal

Eine Frau steht auf

lucy körner verlag

152 Seiten 16,– DM